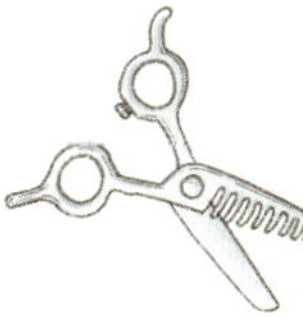

美容師《びようし》の赤松隆滋《あかまつりゅうじ》さん。
子どもも、保護者《ほごしゃ》も、美容師《びようし》も、みんなが
笑顔《えがお》でヘアカットをできるようにしたい、
という願《ねが》いをもって、
スマイルカットに取《と》り組んでいる

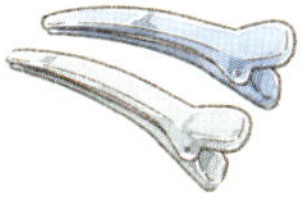

京都市伏見区《きょうとしふしみく》にある
赤松《あかまつ》さんの美容院《びよういん》
「Peace《ピース》 of《オブ》 Hair《ヘアー》」

この本に登場《とうじょう》するスマイルカットを受《う》けた子どもたちと赤松《あかまつ》さん

つばさくん

ゆかるくん

陽仁《はるひと》くん

えぬくん

ピース・オブ・ヘアーのスタッフ。
左から赤松由香梨《あかまつゆかり》さん、赤松隆滋《あかまつりゅうじ》さん、小寺麻美《こでらあさみ》さん

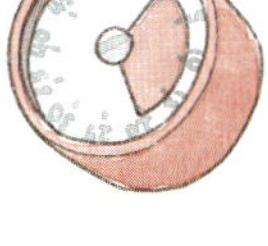

スマイルカットのときに
使《つか》っている
絵カードとタイマー。
ホワイトボードに
はりつけて使《つか》っている

ピースマンの活躍《かつやく》

赤松《あかまつ》さんが考えた、障《しょう》がいのある子どもたちの
ヘアカットをサポートする戦隊《せんたい》ヒーロー、星髪戦士《せいはつせんし》ピースマン。
ピースレッドとピースブルーの2人組

ピースマンショーの様子《ようす》

えほんらいぶで
ピースマンのスーツを
着《き》る赤松《あかまつ》さん

スマイルカットでみんな笑《え》顔《がお》に！

発《はっ》達《たつ》障《しょう》がいの子どもによりそう美《び》容《よう》師《し》さん

別司芳子　文

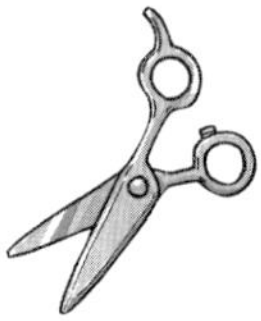

目《も》次《くじ》

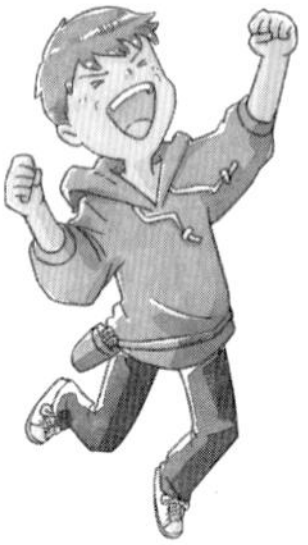

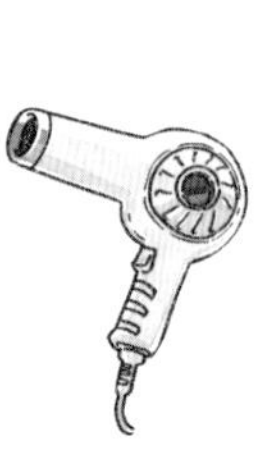

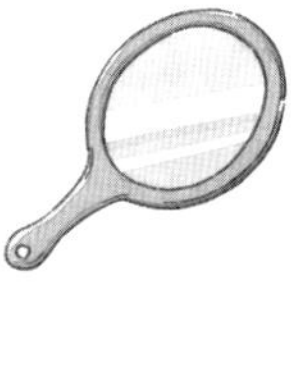

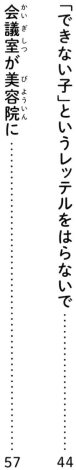

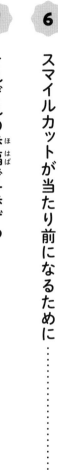

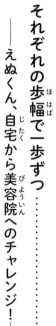

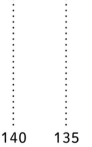

プロローグ

ここは、京都市伏見区《きょうとしふしみく》にある美容院《びよういん》〈Peace of Hair《ピース オブ ヘアー》〉です。

すっかり、辺《あた》りが暗《くら》くなりました。

「そろそろ、今日はお店をしめよっかなー」

美容師《びようし》の赤松《あかまつ》隆滋《りゅうじ》さんがそうじを始《はじ》めたとき、ひと組の親子が店先でうろうろしているのに気《き》付《づ》きました。初《はじ》めて見るお客《きゃく》さんです。ドアを開《あ》けて声をかけました。

「どうしましたか?」

「おそくにすみません。この子の髪《かみ》の毛

を、整《ととの》えてもらえませんか？」

お母さんのかげにかくれていた小学一年生ぐらいの男の子が、顔をちらりとのぞかせました。男の子の前髪《まえがみ》は、左右で長さがちがっています。

「わたしが、カットを失敗《しっぱい》しちゃって……」

お母さんがこまった顔でいいました。

「明日、学校に行ったら、クラスのみんなに笑《わら》われちゃうよ」

男の子が、なみだ目でいいました。

「この子、髪《かみ》を切るのが大きらいで、じっとしていないから、うまく切れないんです。なんとか直せますか？」

お母さんの口から、ふうーっとため息《いき》がこぼれます。赤松《あかまつ》さんはしゃがんで男の子と目を合わせると、にっこりほほえみました。

「じゃあ、今から、かっこよくしよっか」

赤松《あかまつ》さんの笑顔《えがお》にさそわれるように、男の子はこっくりうなずくと、明かりのついたお店の中に入っていきます。お母さんも安心《あんしん》したように、男の子の後ろから付《つ》いていきました。

もしかしたら、この本を読んでいるあなたも、ヘアカットを苦手《にがて》だと感《かん》じたことがあるかもしれませんね。

「とがったハサミが、こわいよぉ〜」
「切った髪《かみ》の毛が、チクチクするからいやだ」
「じっと動《うご》かないでいるなんて、がまんできないや」

そんな声が、聞こえてきましたよ。

赤松《あかまつ》さんの美容院《びよういん》には、全国各地《ぜんこくかくち》からお客《きゃく》さんがやってきます。

そのお客《きゃく》さんの五人に一人が、ヘアカットが苦手《にがて》な子どもたちです。中には発達障《はったつしょう》がいのある子やダウン症《しょう》の子など、ヘアカットがむずかしい事情《じじょう》をかかえた子どもたちもいます。

美容院《びよういん》の入口には、こんなステッカーがはってあります。

〈スマイルカット実施店《じっしてん》　―ヘアカットが苦手《にがて》な方に寄《よ》り添《そ》う店―
　お気軽《きがる》にご相談《そうだん》ください。〉

〈スマイルカット〉って、名前を聞いただけで、なんだか笑顔《えがお》になれそうですね。何か特別《とくべつ》なカットの仕方《しかた》が、あるのでしょうか？

その「ひみつ」を教えてもらうために、さっそく赤松《あかまつ》さんのお話を聞くことにしましょう。

1 ママにもできる！ チャイルドカット

赤松《あかまつ》さんがピース・オブ・ヘアーをオープンしたのは、二〇〇五年の夏、三十歳《さい》のときでした。美容師《びようし》になるための修業《しゅぎょう》を七年間積《つ》み、お金をためて、ようやく念願《ねんがん》の自分のお店を持《も》つことになったのです。

（どんな美容院《びよういん》にしようかな？）

考えただけで、ワクワクしてきます。

赤松《あかまつ》さんはがんばって勉強《べんきょう》して、理容師《りようし》と美容師《びようし》の、両方《りょうほう》の資格《しかく》を取《と》っていました。理容師《りようし》には高いレベルのヘアカットの技術《ぎじゅつ》が必要《ひつよう》です。カミソリを使《つか》った顔そりがみとめられているのも理容師《りようし》だけです。美容師《びようし》は、おしゃれのスペシャリストです。カットはもちろん、パーマネントウェーブやヘアカラーなど、勉強《べんきょう》することがたくさんありました。その両方《りょうほう》をかねそなえた赤松《あかまつ》さんの腕《うで》はたしかです。

そんな赤松《あかまつ》さんですが、大学生のときは小学校の先生を目指《めざ》していました。子どもが大好《だいす》きだからです。でもそのころ、赤松《あかまつ》さんの人生を変《か》える出会いがありました。

もともと音楽に興味《きょうみ》のあった赤松《あかまつ》さんは、大学入学を機《き》に、ピアノ教室に通い始《はじ》めました。そして、ピアノの先生が開《ひら》いたホームパーティーで、先生の夫《おっと》である新谷直広《しんたになおひろ》さんと出会いました。女性《じょせい》の生徒《せいと》が多い中、新しく習《なら》い始《はじ》めた赤松《あかまつ》さんがいたので、話しかけてくれたのです。

20代のころの赤松《あかまつ》さん（左）と新谷《しんたに》さん（右）

ピアノの発表会《はっぴょうかい》で演奏《えんそう》する赤松《あかまつ》さん

それ以来《いらい》、新谷《しんたに》さんとすっかり仲良《なかよ》くなり、新谷《しんたに》さんがいとなんでいた理美《りび》容業《ようぎょう》の仕事《しごと》にあこがれをいだいて、この世界《せかい》に飛《と》びこみました。新谷《しんたに》さんは仕《し》事《ごと》に対《たい》してとてもきびしいけれど、情熱的《じょうねつてき》で愛情深《あいじょうぶか》く、赤松《あかまつ》さんにも熱心《ねっしん》に指導《しどう》をしてくれました。

「自分がやってきたことは、必《かなら》ず自分に返《かえ》ってくる。人のために尽《つ》くすんやぞ。人がすべてなんや」

新谷《しんたに》さんのその言葉《ことば》が、赤松《あかまつ》さんの今につながっています。

お店のオープン準備《じゅんび》をしながら、赤松《あかまつ》さんは意気《いき》ごみました。

「美容師《びようし》としても、やっぱり子どもに関《かか》わっていきたいな。ヘアカットを通して何か子どもが主役《しゅやく》になれることがしたい！」

美容師《びようし》の仕事《しごと》は、お客《きゃく》さんをキラキラかがやかせるお手伝《てつだ》いをすることです。子どもたちの髪《かみ》を切って、かっこよく、かわいらしくしてあげるだけでなく、うれしい気持《きも》ちや自信《じしん》で内面《ないめん》からかがやかせてあげたい。赤松《あかまつ》さんは、そう思ったのです。

けれども、お店をオープンした最初《さいしょ》の三年間は、時間に追《お》われて、生活費《せいかつひ》をかせぐだけで精一杯《せいいっぱい》でした。とても、「子どもが主役《しゅやく》になれること」を考えるよゆうなどありません。

おまけに、美容院《びよういん》に来る子どもたちの中には、ヘアカットをいやがる子もいました。

子どもたちが、ぐずったり泣《な》いたりすると、お母さんたちはこまった顔をします。赤松《あかまつ》さんも申《もう》しわけなく思い、とても悲《かな》しくなります。主役《しゅやく》の子どもたちが泣《な》いていては、話になりません。

三年がたち、お店が少し落《お》ち着《つ》いてきたころ、赤松《あかまつ》さんは改《あらた》めて考えました。

（どうして、ヘアカットがきらいな子がいるんやろう）

赤松《あかまつ》さんは子どもたちの気持《きも》ちをじっくりと想像《そうぞう》してみました。

（いきなり知らない場所《ばしょ》に来て、知らない人に、するどいハサミで、髪《かみ》の毛を

切られそうになったら、たしかにこわいよなぁ）

　また、お客《きゃく》さんに聞いてみると、家で、家族《かぞく》が髪《かみ》の毛を切ったときに、いやな思いをしたことがある子もいるようです。文具《ぶんぐ》用のハサミがよく切れなくていたかったり、切った髪《かみ》の毛が目や口に入ってしまったり……。動《うご》こうとして、お父さんやお母さんにしかられたという子もいました。

　むりやり髪《かみ》の毛を切られるのは、だれだっていやです。それは、決《けっ》し

てがままではありません。

（子どもたちに、ヘアカットを好《す》きになってもらいたいな）

赤松《あかまつ》さんは、そんな気持《きも》ちでいっぱいになりました。

大切なのは、「最初《さいしょ》のイメージ」です。

家族《かぞく》が家でヘアカットをするときに、

「髪《かみ》の毛を切るのは、こわくないよ」

「チョキチョキは、楽しいよ」

子どもたちに、そう思ってもらえることです。

（せめて前髪《まえがみ》だけでも、コツを覚《おぼ》えてもらえれば、ラクに切れるんやけどなあ）

そうすれば、子どもたちがこわい思いをすることもへり、美容院《びよういん》に来たときも、笑顔《えがお》でヘアカットができるかもしれません。

（あっ、そうや！）

赤松《あかまつ》さんは、ピン！と、ひらめきました。

(お母さんやお父さんに、プロの切り方のコツを教えればええんや!)

グッドアイデアです!

赤松《あかまつ》さんは、胸《むね》がワクワクしてきました。


さっそく、赤松《あかまつ》さんは、前髪《まえがみ》カットの無料講座《むりょうこうざ》を開《ひら》くことにしました。

まずは、パンフレット作りに取《と》りかかります。

文字だけではかた苦《くる》しいので、小学校からの親友で、イラストレーターをしている多田文《ただふみ》ヒコさんに、イラストをたのみました。

すると、多田《ただ》さんが、赤松《あかまつ》さんのことを心配《しんぱい》していいました。

「無料《むりょう》で教えるん? 店に来るお客《きゃく》さん、へるがな」

ですが、赤松《あかまつ》さんが自分の気持《きも》ちを熱《あつ》く語ると、多田《ただ》さんはこころよく引き受《う》け、赤松《あかまつ》さんが簡単《かんたん》に描《か》いたスケッチをもとに、前髪《まえがみ》カットの仕方《しかた》をわかりやすくかわいいイラストにしてくれました。おかげで、とても楽しそうな雰囲《ふんい》気《き》に仕上《しあ》がりました。

「これなら、たくさんの人が、集《あつ》まってくれそうだぞ！」

赤松《あかまつ》さんはドキドキしながら、パンフレットを持《も》って、近くの児《じ》童館《どうかん》を回りました。児童館《じどうかん》では、保育園《ほいくえん》や幼稚園《ようちえん》に入る前の小さな子どもたちを対象《たいしょう》に、ベビーマッサージやママ友クラブなどが開《ひら》かれていたので、講座《こうざ》を開《ひら》く場所《ばしょ》としてぴったりだと考えたのです。

ところが、反応《はんのう》はあまりよくありませんでした。

多田《ただ》さんが作ったパンフレット。
髪《かみ》の長さに合った前髪《まえがみ》の切り方がイラストとともにまとめてある

「そんなこと、今まで一度《いちど》もやったことがないわ」

「子どもたちの髪《かみ》は、児童館《じどうかん》が関《かか》わることではありません」

中には明らかにうたがい深《ぶか》い目をして、ジロジロ見る人もいます。

「商売《しょうばい》の勧誘《かんゆう》は、おことわりしています」

赤松《あかまつ》さんは、がっくりと肩《かた》を落《お》としましたが、そこであきらめませんでした。

当時、美容院《びよういん》のお客《きゃく》さんに、福祉関係《ふくしかんけい》の専門学校《せんもんがっこう》で先生をしていた南多恵子《みなみたえこ》さんがいたので相談《そうだん》すると、知り合いのいる児童館《じどうかん》に当たってくれたのです。

一週間後、南《みなみ》さんから紹介《しょうかい》された児童館《じどうかん》に行くと、館長《かんちょう》さんがとても熱心《ねっしん》に赤松《あかまつ》さんの話を聞いてくれました。

「『いそがしいし、子どもがいやがるから、なかなか髪《かみ》を切りに連《つ》れていけない』っていう保護者《ほごしゃ》の方、多いんですよ。たしかに、髪《かみ》の毛を切られるのが苦手《にがて》な子どもたちもいますからね。この児童館《じどうかん》で、やってみましょうか?」

「いいんですか!」

赤松《あかまつ》さんはうれしくて、飛《と》びあがりそうになりました。何しろたくさん、ことわられたので、心の中ではすっかり落《お》ちこんでいたのです。

「ぼくは、この講座《こうざ》をたった一回で終《お》わらせるつもりはありません。どうぞよろしくお願《ねが》いします」

赤松《あかまつ》さんのカット講座《こうざ》は〈ママにもできる！　チャイルドカット〉という名前で開《ひら》かれることになりました。

二〇〇九年三月。第《だい》一回目の講座《こうざ》の日がやってきました。赤松《あかまつ》さんは、まず児童館《じどうかん》のひと部屋《へや》にブルーシートをしきつめました。ゆかに落《お》ちた髪《かみ》の毛は、どんなに掃《は》いても、なかなかすべてを取《と》りのぞくことができません。切った髪《かみ》の毛が残《のこ》らないように、気を配《くば》ります。

（たくさん、来てくれるかなぁ）

赤松《あかまつ》さんの心配《しんぱい》をよそに、開始《かいし》時間の前から、次々《つぎつぎ》にお母さんや子どもたちがやってきました。館長《かんちょう》さんが事前《じぜん》に講座《こうざ》の案内《あんない》のチラシを配《くば》ってくれていたので、二十組もの親子が集《あつ》まってくれました。

「それでは、〈ママにもできる！　チャイルドカット〉を始《はじ》めます」

赤松《あかまつ》さんは少し緊張《きんちょう》していましたが、笑顔《えがお》で元気よくいいました。

「まずは、みんな、お母さんのおひざにだっこしてもらおうね」

子どもたちが、うれしそうにお母さんのひざの上にすわりました。

お母さんたちも、思わず笑顔《えがお》になります。

「みんな、絵本を読んでもらうのは、好《す》きかな？」

「はーい」

「だいすきだよ」

子どもたちが手をあげて、口々に答えます。

「髪《かみ》の毛をチョキチョキするのも、それと同じで、ちっともこわくないんだよ」

赤松《あかまつ》さんは、お母さんにもいいます。

「おうちでのヘアカットは、絵本を読み聞かせする時間と同じです。やさしい気持《きも》ちで、和《なご》やかにカットすることが大切です。くれぐれも、むりやりおさえつけたり、しかったりしないでくださいね」

お母さんたちの中から、クスクスと笑《わら》い声が聞こえてきました。もしかしたら、これまでに経験《けいけん》があるのかもしれません。

「チャイルドカットの一番大切なことは、じょうずに髪《かみ》の毛を切ることではないんです。カットはこわくない、楽しいというイメージを持《も》ってもらうことなんです。それに、みんながうまくなったら、美容師《びようし》のぼくがこまりますから」

お母さんたちが、いっせいに笑《わら》いました。

赤松《あかまつ》さんは前髪《まえがみ》の切り方を、マネキンを使《つか》って、ていねいに説明《せつめい》していきます。

「こうやって、指《ゆび》で前髪《まえがみ》を持《も》ち、切りたい分だけを出して固定《こてい》します。顔からはなして、少し持《も》ちあげるくらいの高さです」

ゆっくりとわかりやすく手を動《うご》かすと、お母さんたちもじっと注目《ちゅうもく》しています。

「ハサミを入れます。自然《しぜん》な仕上《しあ》がりにするコツは、髪《かみ》に対《たい》してななめ四十五度《ど》に、ギザギザに切り込《こ》みを入れていくことです」

たった数分で、前髪《まえがみ》はきれいに整《ととの》えられました。

お母さんたちが感心《かんしん》して見ています。

「さあ、チョキチョキしたい子、いますか？　赤松《あかまつ》さんが、すてきな髪型《かみがた》にしてあげるよ」

五歳《さい》くらいの女の子が手をあげました。目がほとんど前髪《まえがみ》でかくれていま

チャイルドカット講座《こうざ》の様子《ようす》。
赤松《あかまつ》さん（左）とピース・オブ・ヘアーのスタッフ小寺麻美《こでらあさみ》さん（右）

す。赤松《あかまつ》さんは、イスにすわった女の子に、やさしく話しかけます。

「お名前、教えてくれる？」

「ミキ」

「ミキちゃんの洋服《ようふく》に、髪《かみ》の毛が付《つ》くとチクチクするからね。カットクロスをかけていい？」

　ミキちゃんが、こくんとうなずきました。

「マントみたいやねぇ。暑《あつ》くない？」

　ミキちゃんが、首を左右に小さくふります。たくさんの人に見られているので、緊張《きんちょう》しているようです。赤松《あかまつ》さんは、自分の前髪《まえがみ》を数本持《も》つと、ハサミでチョキンと切りました。

「ほら、だいじょうぶ、全然《ぜんぜん》いたくないからね」

　ミキちゃんは、赤松《あかまつ》さんの目を見て、にっこり笑《わら》います。

　チョキン、チョッキン。

赤松《あかまつ》さんがハサミを入れるごとに、ミキちゃんの前髪《まえがみ》がスッキリしていきます。

「かわいい！」

「お顔が、ぱあっと明るくなったわ」

みんなが口々にほめてくれるので、ミキちゃんもうれしそうです。

「ミキちゃん、がんばったね」

赤松《あかまつ》さんは、ミキちゃんとハイタッチしました。会場にいたお母さんや児童《じどう》館《かん》の館長《かんちょう》さんも、全員《ぜんいん》で大きな拍手《はくしゅ》をしてくれました。

こうして、第《だい》一回目の〈ママにもできる！　チャイルドカット〉は、大成功《だいせいこう》のうちに終《お》わりました。すると、評判《ひょうばん》を聞きつけて、あちこちの保育園《ほいくえん》や児童《じどう》館《かん》から、講座《こうざ》を開《ひら》いてほしいと、たのまれるようになりました。

赤松《あかまつ》さんの「子どもが主役《しゅやく》になれるヘアカット」は、こうして一歩をふみ出したのです。

2 スマイルカット誕生《たんじょう》！

講座《こうざ》を始《はじ》めてから一年ほどたったある日。

赤松《あかまつ》さんは、京都市《きょうとし》にある、初《はじ》めておとずれる児童館《じどうかん》にやってきました。今日は、ここが〈ママにもできる！　チャイルドカット〉の会場です。

玄関《げんかん》で出むかえてくれたのは、この児童館《じどうかん》で支援員《しえんいん》をしている野口智子《のぐちともこ》さんです。明るくて話しやすい野口《のぐち》さんは、子どもたちから「野口《のぐち》先生」と、したわれています。

「赤松《あかまつ》さん、今日はよろしくお願《ねが》いします。ところで、講座《こうざ》が終《お》わってから、ちょっと、相談《そうだん》に乗《の》ってあげてほしい保護者《ほごしゃ》さんがいるんだけど、いい？」

「はい！　いいですよ！」

たのまれたらことわらないのが、赤松《あかまつ》さんです。役《やく》に立てることがあるならと、こころよく返事《へんじ》をしました。

和《なご》やかな雰囲気《ふんいき》で講座《こうざ》が終《お》わると、ふたりのお母さんが、赤松《あかまつ》さんのところにやってきました。小さな子どもは連《つ》れていません。

野口《のぐち》先生が、お母さんたちを紹介《しょうかい》してくれました。

「ゆかるくんのお母さんと、つばさくんのお母さんです。お子さんは、ふたりとも小学二年生で、特別支援学校《とくべつしえんがっこう》に通っています」

この児童館《じどうかん》に併設《へいせつ》されている学童《がくどう》クラブには、放課後《ほうかご》になると、近隣《きんりん》の小学校や特別支援学校《とくべつしえんがっこう》の一年生から四年生までの子どもたちが、七十人近くやってきます。ゆかるくんとつばさくんはその学童《がくどう》クラブに通っていました。

ゆかるくんのお母さんが、笑顔《えがお》でいいました。

「今日は前髪《まえがみ》カットのやり方を教えていただいて、ありがとうございました。いつも家で、わたしがゆかるの髪《かみ》をカットしているんですけど、なかなかうまく切れなかったんです」

つばさくんのお母さんが、遠慮《えんりょ》がちに話し始《はじ》めました。

「実《じつ》は、つばさとゆかるくんには、発《はっ》達障《たつしょう》がいがあるんです」

（発達障《はったつしょう》がい？）

赤松《あかまつ》さんも耳にしたことはありますが、それがどんなものか、よくわかっていませんでした。

「発達障《はったつしょう》がい」とは、生まれつき脳《のう》の発達《はったつ》にかたよりがあり、生活に困難《こんなん》が発生《はっせい》することをいいます。言葉《ことば》の発《はっ》達《たつ》がおそかったり、人とうまくコミュニケーションが取《と》れなかったりと、人

つばさくん（左）とゆかるくん（右）。中央《ちゅうおう》は児童館《じどうかん》の職員《しょくいん》さん

によってそれぞれ特性《とくせい》はちがいます。

ゆかるくんは、とてもおとなしい性格《せいかく》で、言葉《ことば》は話せませんが、年上の子どもたちに、とてもかわいがられています。つばさくんは、活発《かっぱつ》でじっとしていることが苦手《にがて》ですが、いろんなお友だちと仲良《なかよ》く遊《あそ》んでいます。

「三歳《さい》のときに、つばさを床屋《とこや》さんに連《つ》れていったんですが、お店でひどくあばれてしまったんです。『あぶなくてとてもカットできない。うちでは無理《むり》だ』って、理容師《りようし》さんにことわられました」

お母さんは仕方《しかた》なく、次《つぎ》のお店に連《つ》れていきましたが、ここでもつばさくんはあばれてカットができませんでした。三けん目も同じでした。

（障《しょう》がいのある子どもは、お店でカットしてもらえないんや）

そう思うと、お母さんは、悲《かな》しくてたまりませんでした。

「今は、なだめたりしながら、お風呂場《ふろば》で一週間かけて切っています」

「ゆかるは、機嫌《きげん》のいいときに、遊《あそ》びながら少しずつ切っているんです」

発達障《はったつしょう》がいのある子どもたちの中には、じっとしていることができないため、歯《は》の治療《ちりょう》をするときにも、全身麻酔《ぜんしんますい》をしなければならない子もいると、お母さんたちは話してくれました。赤松《あかまつ》さんが思っていた以上《いじょう》に大変《たいへん》そうです。

「それじゃあ、ぼくが家におじゃましまして、つばさくんやゆかるくんの髪《かみ》をカットしましょうか？」

すると、つばさくんのお母さんがいいました。

「わたしたちが望《のぞ》んでいるのは、そういうことではないんです」

赤松《あかまつ》さんは、意味《いみ》がよくわかりませんでした。

「わたしたち親はこれからどんどん年を取《と》っていき、いずれ、つばさよりも先に死《し》んでしまいます。だから、つばさが大人になったとき、ひとつでも、自分でできることがふえていてほしいんです。お店で髪《かみ》を切ることも、そのひとつなんです」

「なるほど……」

赤松《あかまつ》さんはお母さんたちの思いを知って、思わずうなりました。

「だけど、いきなり美容院《びよういん》に連《つ》れていくと、あばれたりさわいだりして、美容《びよう》師《し》さんや他《ほか》のお客《きゃく》さんにめいわくをかけてしまうから、どうしたらいいかわからなくて……」

つばさくんのお母さんの話をそばで聞いていた野口《のぐち》先生が、明るくいいました。

「じゃあ、いきなり美容院《びよういん》ではなくて、ワンクッション置《お》いて、この児童館《じどうかん》で練習《れんしゅう》してみたらどう？」

「それは、いい考えですね」

赤松《あかまつ》さんがいうと、ゆかるくんとつばさくんのお母さんが、うれしそうに顔を見合わせました。

「いいんですか？」と、つばさくんのお母さん。

「児童館《じどうかん》なら、ふたりともなれているので、緊張《きんちょう》せずに髪《かみ》が切れるかもしれません！」

ゆかるくんのお母さんの声も、はずんでいます。

「カットしていただくんですから、お金は、はらわせてください」

つばさくんのお母さんがそういうと、ゆかるくんのお母さんもうなずきました。

たしかに無料《むりょう》では、希望《きぼう》の髪型《かみがた》をリクエストすることに対《たい》して、遠慮《えんりょ》してしまうかもしれません。障《しょう》がいがあるから、普通《ふつう》にカットするのがむずかしいから、といって、ただ短《みじか》く髪《かみ》を整《ととの》えるだけで終《お》わらせたくはありませんでした。

（自分の好《す》きな髪型《かみがた》になって、おしゃれを楽しんでほしいな）

赤松《あかまつ》さんは、そう思ったのです。

「わかりました。ぜひ、やらせてください！」

赤松《あかまつ》さんは力強くいいました。〈ママにもできる！　チャイルドカット〉の講座《こうざ》からまた一歩進《すす》んだ、子どもたちが主役《しゅやく》になれる活動《かつどう》に結《むす》びつきそうです。

「わたしもサポートしますから、いっしょにやりましょう！」

野口《のぐち》先生も、元気よくいいました。

それからしばらくして、赤松《あかまつ》さんと野口《のぐち》先生は、集《あつ》まって打《う》ち合わせをしました。

赤松《あかまつ》さんは、野口《のぐち》先生がまとめてくれた計画書を読みました。その書類《しょるい》には、〈美容院《びよういん》に行きたい発達障《はったつしょう》がいのある子どもたちのためのヘアカット〉と、少しかた苦《くる》しいタイトルが書かれています。

赤松《あかまつ》さんがいいました。

「この活動《かつどう》をずっと続《つづ》けていきたいので、みんなが覚《おぼ》えてくれるような名前を付《つ》けたいですね……」

「うーん、そうですね」

野口《のぐち》先生も首をひねります。

一週間後、赤松《あかまつ》さんがまた打《う》ち合わせに行くと、野口《のぐち》先生が赤松《あかまつ》さんの顔を見るなり、はじけそうな笑顔《えがお》でいいました。

「赤松《あかまつ》さん、いい名前思いついいちゃった。〈スマイルカット〉って、どうですか？　子どもが笑《わら》って、保護《ほご》者《しゃ》の方も笑《わら》って、美容師《びようし》さんも笑《わら》えたらいいなって」

「すごくいいですね！　聞いただけで楽しくなります！」

思わず、赤松《あかまつ》さんがいいました。

そもそも三者《しゃ》がそろって笑《わら》うこと

は、意外《いがい》とむずかしいのです。

カットが苦手《にがて》な子だけでなく、その日の機嫌《きげん》や体調《たいちょう》によっても、ワーッと泣《な》いたり、立ちあがったりする子がいます。お母さんたちも、お店や他《ほか》のお客《きゃく》さんにめいわくをかけることを心配《しんぱい》し、こまった顔で何度《なんど》もぺこぺこ頭を下げてあやまります。するどいハサミを持《も》っている美容師《びようし》さんもまた、子どもが立ちあがるとあぶないので、つい真剣《しんけん》な顔になってしまいます。

(そういえば、ぼくだって、いつもよゆうがなくて笑《わら》ってなかったよなぁ)

赤松《あかまつ》さんは、自分のことをふり返《かえ》って反省《はんせい》しました。

さらに、スマイルカットの本番前には、つばさくんやゆかるくんのお母さんも加《くわ》わって、細かな打《う》ち合わせをしました。

ゆかるくんのお母さんがいいました。

「ゆかるは、ドライヤーも、バリカンも、大きな音がするものが苦手《にがて》で使《つか》えません。それでも、カットしてもらえますか?」

「わかりました。ハサミだけでも、カットはできますよ」

赤松《あかまつ》さんは、うなずきながらメモを取《と》ります。

「つばさは、長い間、じっとしていることができません。タオルやカットクロスをまくこともいやがると思います」

「髪《かみ》の毛だらけになりますけど、いいですか？」

「ええ。いつも、つばさもわたしも、毛だらけになっていますから」

「そしたら、着《き》がえの服《ふく》を持《も》ってきてください。カットが終《お》わったら着《き》がえましょう」

「そうじはわたしもしますから、心配《しんぱい》しなくていいですよ」

野口《のぐち》先生も、笑顔《えがお》でいいました。


二〇一〇年七月。いよいよ初《はじ》めてのスマイルカットの日です。

夕方、学童《がくどう》クラブの子どもたちが帰ると、さっそく赤松《あかまつ》さんと野口《のぐち》先生は準《じゅん》備《び》に取《と》りかかりました。

部屋《へや》のゆか一面《めん》に、ブルーシートをしきつめます。カット用のイスは、いつも子どもたちが学童《がくどう》クラブで使《つか》っているものです。

お母さんに手をつながれて、ゆかるくんとつばさくんが部屋《へや》に入ってきました。

「はじめまして。赤松《あかまつ》です。よろしくね」

赤松《あかまつ》さんは、ふたりの子どもたちに、とびきりの笑顔《えがお》であいさつしました。

まずは、つばさくんからです。つばさくんは、髪《かみ》の毛が肩《かた》までのびています。

「つばちゃん、すわってや」

お母さんが声をかけました。つばさくんは、みんなから「つばちゃん」とよばれています。つばさくんは、野口《のぐち》先生にだっこしてもらいながら、イスにすわりました。

「チョキチョキ、するよ」

赤松《あかまつ》さんがやさしく声をかけると、つばさくんは少しだけ、髪《かみ》の毛をカットさせてくれました。けれども、すぐに立ちあがり、音楽がかかっているＣＤプレーヤーのところに行きます。そして、自分の好《す》きなアニメの曲《きょく》を最初《さいしょ》からかけ直しました。

「つばちゃん、すわってや」

お母さんが、また声をかけます。髪《かみ》の毛を少し切っては立ちあがり、ＣＤプレーヤーをさわってはもどってきます。つばさくんは、大好《だいす》きな曲《きょく》のイントロ部分《ぶぶん》ばかり、くり返《かえ》し何度《なんど》もかけ直します。

「つばちゃん、すわってや」

みんなで、つばさくんに声をかけます。そのくり返《かえ》しでした。

当時、赤松《あかまつ》さんは気が付《つ》きませんでしたが、つばさくんはこのとき、自分の大好《だいす》きな曲《きょく》のイントロ部分《ぶぶん》を聞くことで、（いやだよう）という自分の気持《きも》ちを落《お》ち着《つ》かせようとしていたのです。

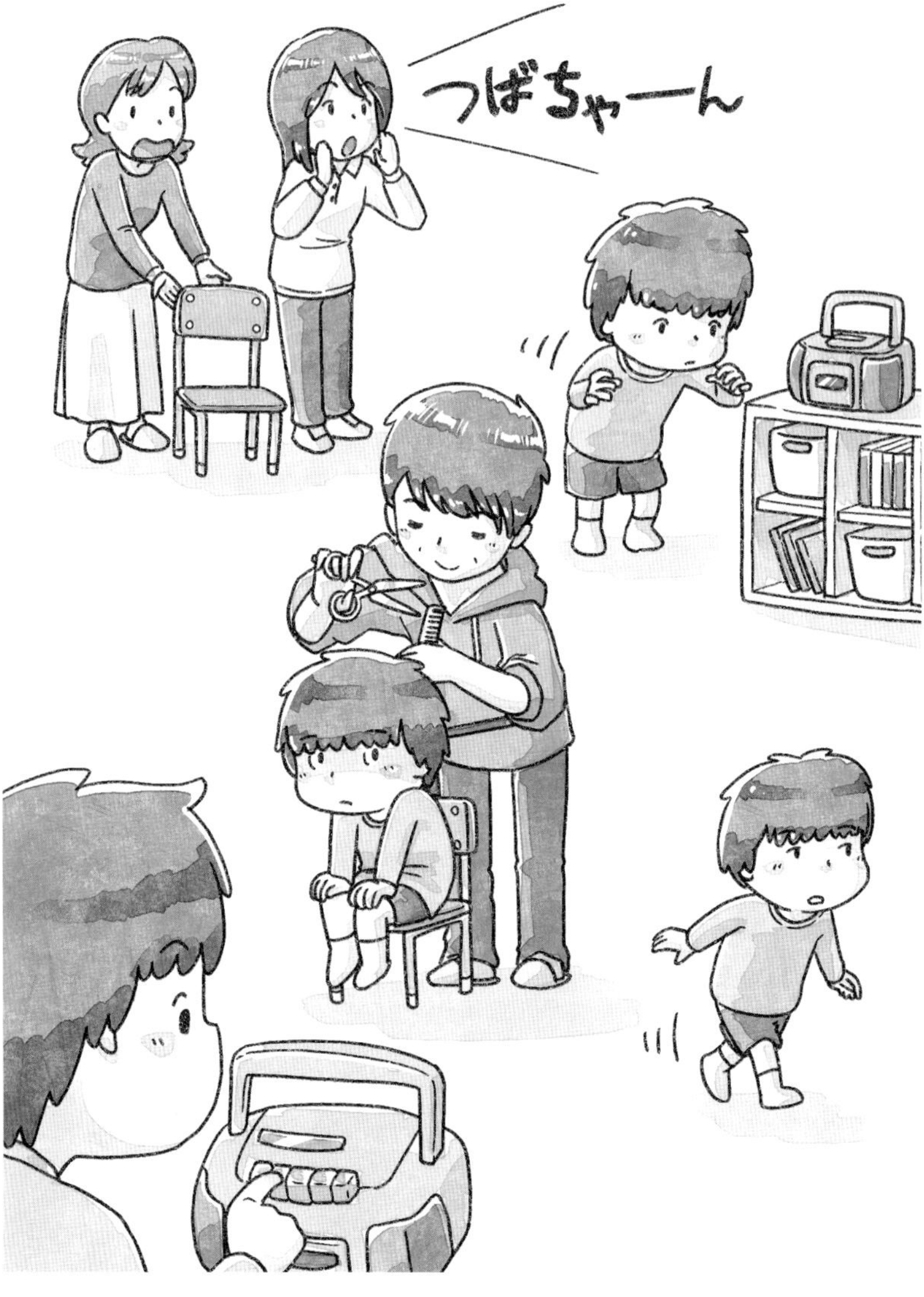
つばちゃーん

つばさくんはもちろん、野口《のぐち》先生も、お母さんも、赤松《あかまつ》さんも、みんな、髪《かみ》の毛だらけになりながら、最後《さいご》までカットを終《お》えると、長かった髪《かみ》が、さっぱりと短《みじか》くなりました。

「つばちゃん、かっこいい！」

「ほんまや、ハンサムやなぁ」

みんなにほめられて、つばさくんはにっこり笑《わら》いました。

「赤松《あかまつ》さん、ありがとうございました」

つばさくんのお母さんも、うれしそうにいいました。

（たしかに大変《たいへん》やけど、案外《あんがい》カットできるかもしれないな）

赤松《あかまつ》さんは手ごたえを感《かん》じました。

次《つぎ》は、ゆかるくんの番です。

お母さんが、ゆかるくんに声をかけます。

「今から赤松《あかまつ》さんに、チョキチョキしてもらうよ。イスにすわろうね」

するると、ゆかるくんは素直《すなお》にイスにすわりました。

ゆかるくんの髪《かみ》は、後ろがガタガタで、段差《だんさ》が付《つ》いていました。お母さんが、決《けっ》して無理強《むりじ》いせず、泣《な》かせないように、少しずつ少しずつ、切ったことがわかります。

（ゆかるのために、少しでも髪《かみ》をスッキリさせてあげたい）

そんな温《あたた》かな気持《きも》ちが伝《つた》わってくるカットラインに、赤松《あかまつ》さんは、お母さんの愛情《あいじょう》を感《かん》じました。

「ゆかるくん。今から、首にカットクロスをまくよ」

おそるおそるカットクロスをまきました。ゆかるくんは、じっと静《しず》かにしています。

（とっても、おとなしいやん。このままカットができるかもしれんな）

赤松《あかまつ》さんの期待《きたい》が、どんどんふくらんできました。

「じゃあ、チョキチョキするからね」

もしかしたら、ハサミを見ただけで、にげ出すかもしれないと心配《しんぱい》しましたが、ハサミを出してカットを始《はじ》めても、ぎゅっとお母さんと手をつないだまま、じっとしています。赤松《あかまつ》さんは、ほっとしました。

急《いそ》いで髪《かみ》の毛にハサミを入れていきます。

なんと、たった五分で、カットが終《お》わったではありませんか！

「初《はじ》めてなのに、カットできたね」

お母さんは、ゆかるくんが最後《さいご》までじっとしてくれていたことに、びっくりしました。

「ゆかるくん、かっこいい！」

「えらいねぇ」

野口《のぐち》先生をはじめ、周《まわ》りでじっと見守《みまも》っていた児童館《じどうかん》の支援員《しえんいん》さんたちも、口々にゆかるくんをほめます。

「赤松《あかまつ》さん、すごいです」

ゆかるくんのお母さんにいわれて、うれしくなった赤松《あかまつ》さんは、テンションが上がりました。

（ここまでやれたんなら、最後《さいご》まで完璧《かんぺき》に仕上《しあ》げたい！）

ゆかるくんのえり足に、ムダ毛がこく残《のこ》り、目立っています。

（これだけおとなしいなら、ちょっとぐらい、バリカンを入れても、だいじょうぶやろ）

赤松《あかまつ》さんは、ゆかるくんのお母さんからいわれた約束《やくそく》を、わすれていたわけではありませんでした。それなのに、「完璧《かんぺき》なヘアカットがしたい！」という、プロ根性《こんじょう》に火がついてしまったのです。

「どうしても気になるから、ここだけバリカンを使《つか》うね」

赤松《あかまつ》さんは、お母さんとの約束《やくそく》をやぶり、いいとも悪《わる》いとも返事《へんじ》を聞かないまま、いきなりバリカンを取《と》り出しました。

スイッチをポンと入れます。

ウィーーン。

ゆかるくんの耳元で、突然《とつぜん》、モーターの音が鳴りひびきます。

「うわーーっ」

ゆかるくんが、急《きゅう》にさけんで立ちあがりました。

バリカンの音を聞いて、パニックにおちいったのです。

両手《りょうて》で耳をふさぎながら、大きな声を出して泣《な》いています。

「ゆかる、落《お》ち着《つ》いて。だいじょうぶだよ」

お母さんは、ゆかるくんを安心《あんしん》させようと、声をかけながらだきしめました。けれども、ゆかるくんはなかなか泣《な》きやみません。そのうち、両手《りょうて》をぎゅっとにぎりしめ、全身《ぜんしん》に力を入れた状態《じょうたい》で体を小きざみにふるえさせ始《はじ》めました。ゆかるくんには、てんかんという病気《びょうき》があって、発作《ほっさ》を起《お》こしてしまったのです。意識《いしき》はありますが、呼吸《こきゅう》はあらく苦《くる》しそうです。カットをする間じゅう、ゆかるくんは、全身《ぜんしん》に力を入れて、こわい気持《きも》ちを、ぐっとがまんしていたのです。

ゆかるくんは、「聴覚過敏《ちょうかくかびん》」という特性《とくせい》があり、他《ほか》の人とくらべて音が大きく聞こえたり、特定《とくてい》の音に対《たい》して強い不快感《ふかいかん》を覚《おぼ》えたりします。ずっと緊張《きんちょう》状態《じょうたい》が続《つづ》いていた中で聞いた、大きらいなバリカンのモーター音。ゆかるくんには、まるで大爆発《だいばくはつ》が起《お》こったような音に聞こえたのかもしれません。

赤松《あかまつ》さんは、心臓《しんぞう》がバクバクして、どうしたらいいのかわかりませんでした。(子どもが主役《しゅやく》になれる仕事《しごと》がしたいと思っていたのに……。その道具《どうぐ》でゆか

るくんをきずつけてしまった）

赤松《あかまつ》さんは、大きなショックを受《う》けました。ゆかるくんやお母さんに対《たい》して申《もう》しわけない気持《きも》ちでいっぱいです。

ゆかるくんの発作《ほっさ》は、数分で治《おさ》まりました。

しかし、泣《な》きながらお母さんの手を引っぱって、帰りたそうにしています。

お母さんは、自分も泣《な》きたい気持《きも》ちを必死《ひっし》でこらえながら、荷物《にもつ》をかかえ、ゆかるくんをだっこすると、雨がふる中を帰っていきました。

3 「できない子」というレッテルをはらないで

その日、赤松《あかまつ》さんは家に帰っても、全《まった》くねむれませんでした。

（ぼくは、なんてひどいことをしてしもたんやろ）

くやんでもくやみきれません。夜中に、発達障《はったつしょう》がいについてインターネットで調《しら》べてみると、ゆかるくんのように音に敏感《びんかん》な子や、肌《はだ》にふれられることが苦手《にがて》な子、また、多動《たどう》といって、つばさくんのようにじっとしているのが苦手《にがて》な子もいるようです。

（発達障《はったつしょう》がいについて、ちゃんと学ばなくては……）

翌日《よくじつ》、赤松《あかまつ》さんは、ゆかるくんのお母さんに、おわびの電話をかけました。

ヘアカットのあと、家に帰ってからのゆかるくんの様子《ようす》をたずねると、急《きゅう》に大きな声で泣《な》き出したり、お母さんにしがみついてきたりと、精神的《せいしんてき》に不安定《ふあんてい》な状態《じょうたい》が続《つづ》いて大変《たいへん》だったそうです。

お母さんは、赤松《あかまつ》さんがゆかるくんの髪《かみ》をスッキリとカットしてくれただけで、十分うれしかったのです。それなのに、了解《りょうかい》をえずにバリカンを使《つか》われてしまったことで、悲《かな》しくて残念《ざんねん》な気持《きも》ちになりました。何より、きずついたかもしれないゆかるくんのことが心配《しんぱい》でした。

けれども、ゆかるくんを心配《しんぱい》した野口《のぐち》先生からもお母さんに連絡《れんらく》があり、赤《あか》松《まつ》さんがとても反省《はんせい》していたことを聞きました。

赤松《あかまつ》さんの電話の声からも、その気持《きも》ちが伝《つた》わってきます。

(もう一度《いちど》、赤松《あかまつ》さんを信《しん》じてみよう)

お母さんは、そう考え直していいました。

「これからも、ゆかるのこと、お願《ねが》いできますか?」

その言葉《ことば》を聞いたとき、赤松《あかまつ》さんは心の底《そこ》から思いました。

(これから、ゆかるくんやつばさくんと、真剣《しんけん》に向《む》き合おう。いいや、ふたりだけやない。発達障《はったつしょう》がいがあって、こまっている子どもたちや保護者《ほごしゃ》の方は、もっとたくさんいるはずや。その人たちのためにも、もっともっと勉強《べんきょう》しよう）
そう覚悟《かくご》を持《も》って、決意《けつい》したのです。
精一杯《せいいっぱい》心をこめて、赤松《あかまつ》さんはお母さんにいいました。
「どうか、これからも、よろしくお願《ねが》いします」

赤松《あかまつ》さんは、本を買ったりインターネットで調《しら》べたりして、仕事《しごと》が終《お》わってから、毎晩《まいばん》、夜おそくまで勉強《べんきょう》しました。

発達障《はったつしょう》がいは生まれつきの障《しょう》がいで、決《けっ》して子どもたちの「わがまま」でもなければ、お母さんたちの「しつけ」が悪《わる》いわけでもありません。けれども、まだまだ一般《いっぱん》の人たちには、理解《りかい》されていないということがわかってきました。

でも、赤松《あかまつ》さんが一番知りたかった「発達障《はったつしょう》がいのある子どもたちのヘアカットの仕方《しかた》」については、どこをさがしても情報《じょうほう》がありませんでした。

発達障《はったつしょう》がいについて

発達障《はったつしょう》がいとは、生まれつき脳機能《のうきのう》の発達《はったつ》にかたよりがあり、生活に困難《こんなん》が生まれる障《しょう》がいで、低年齢《ていねんれい》でその特性《とくせい》があらわれるものをいいます。

ここでは、3つのタイプについて、特性《とくせい》を紹介《しょうかい》しますが、年齢《ねんれい》や重《おも》さのちがい、知的障《ちてきしょう》がい（知的発達症《ちてきはったつしょう》）をともなうかどうかなど、人によって特性《とくせい》はことなります。また、複数《ふくすう》のタイプの障《しょう》がいが重《かさ》なってあらわれることもあります。

この中で、ヘアカットが苦手《にがて》になりやすいのは、主《おも》に注意欠如多動症《ちゅういけつじょたどうしょう》と自閉《じへい》スペクトラム症《しょう》の子どもたちです。

注意欠如多動症《ちゅういけつじょたどうしょう》（ADHD）

集中《しゅうちゅう》できない・気《ち》が散りやすい・忘《わす》れ物《もの》や無《な》くし物《もの》が多いといった「不注意《ふちゅうい》」、落《お》ち着《つ》きがない・じっとしていられない・静《しず》かにしていられないといった「多動《たどう》・衝動性《しょうどうせい》」などが特性《とくせい》です。

自閉《じへい》スペクトラム症《しょう》（ASD）

表情《ひょうじょう》、ジェスチャーなど、言葉《ことば》を使用《しよう》しないやり取《と》りをふくめたコミュニケーションが苦手《にがて》であったり、特定《とくてい》の物事《ものごと》に対《たい》して、強い関心《かんしん》やこだわりを持《も》っていたりすることが特性《とくせい》です。

他《ほか》にも、感覚《かんかく》がとてもするどい（感覚過敏《かんかくかびん》）、にぶい（感覚鈍麻《かんかくどんま》）などの特性《とくせい》があることもあります。

限局性学習症《げんきょくせいがくしゅうしょう》（SLD）（学習障《しょう》がい：LD）

知的発達《ちてきはったつ》、視力《しりょく》や聴力《ちょうりょく》、教育環境《きょういくかんきょう》などに問題《もんだい》はないのに、「聞く」「話す」「読む」「書く」「計算・推論《すいろん》する」のうちのひとつ、または複数《ふくすう》が習得《しゅうとく》しにくかったり、それらのことを行うことがむずかしい障がいです。

苦手《にがて》な分野以外《いがい》の学習《がくしゅう》には問題《もんだい》がない場合も多く、小学校入学のタイミングで気付《きづ》かれることも多い障《しょう》がいです。

※ DSM-5-TR（医学書院）の分類を参考にしています

（こうなったら、自分で考えるしかないやん）

発達障《はったつしょう》がいのある子どもたちを、「なんで、できひんのや」と、おこったりせめたりしても、問題《もんだい》はひとつも解決《かいけつ》しません。そうではなくて、子どもたちが無理《むり》なくヘアカットするための具体的《ぐたいてき》な方法《ほうほう》を考えることが大切です。

勉強《べんきょう》する中で、発達障《はったつしょう》がいのある人たちは突発的《とっぱつてき》な出来事《できごと》が苦手《にがて》なので、「見通しが立つようにしてあげること」が重要《じゅうよう》だとわかりました。

（いうてることはわかるけど、ヘアカットに、どう応用《おうよう》したらいいんやろ）

ゆかるくんの泣《な》いている顔が、頭からはなれません。

赤松《あかまつ》さんは、自分が失敗《しっぱい》した経験《けいけん》をもとに、一生懸命《いっしょうけんめい》考えました。けれども、なかなかいい考えがうかばなかったのです。

一方、スマイルカットのあと、児童館《じどうかん》では、ゆかるくんとつばさくんがヒーローになっていました。何しろ、いつものびていた髪《かみ》の毛が、きれいにカットされているのです。子どもたちは、ふたりを見るなり、歓声《かんせい》を上げました。

「ふたりとも、めっちゃカッケー！」

「ゆかるくん、スッキリして、よく似合《にあ》ってるわ」

「つばちゃん、イケメンや」

ふたりとも、ほめられてはずかしそうにしていますが、とてもうれしそうです。

（スマイルカットって、周《まわ》りの子どもたちも笑顔《えがお》にできるんやわ）

野口《のぐち》先生は、たくさんの笑顔《えがお》にか

こまれているふたりを見て、そう思いました。

こうして、二カ月後に、児童館《じどうかん》で第《だい》二回目のスマイルカットをすることになりました。

（ふたりとも、ヘアカットが、大きらいになったかもしれへんなぁ……）

この二カ月、発達障《はったつしょう》がいについて勉強《べんきょう》をしてきた赤松《あかまつ》さんですが、心の中では気が気ではありませんでした。

児童館《じどうかん》の部屋《へや》に入ってきたゆかるくんは、とても緊張《きんちょう》した顔をしていました。今日はお父さんといっしょです。

「この間は、おどろかせてごめんな。今日は絶対《ぜったい》に、こわい音のするものは使《つか》わへんから、安心《あんしん》してな」

赤松《あかまつ》さんは、ゆかるくんにあやまりました。首にタオルやカットクロスをまいても、ゆかるくんは、お父さんの手を強くにぎりしめて、じっとしています。

「ほな、ゆかるくん。チョキチョキ、始《はじ》めるで」

ドキドキしながら赤松《あかまつ》さんがハサミを取《と》り出しても、ゆかるくんはパニックを起《お》こしませんでした。

「ゆかるくん、すごいね」

野口《のぐち》先生も、ゆかるくんをほめます。みんなが見守《みまも》る中、ゆかるくんは、最《さい》後《ご》まで立ちあがりませんでした。

二回目で、スムーズに、ヘアカットを終《お》えたではありませんか！

「明日、またみんなに、かっこいいっていわれるよ」

野口《のぐち》先生がいうと、ゆかるくんは、ようやく笑顔《えがお》を見せました。

さて、次《つぎ》はつばさくんです。

前回と同じように、つばさくんは、ちょっと切っては立ちあがり、ちょっと切っては立ちあがりのくり返《かえ》しです。タオルもカットクロスも、まくのをいやがります。

部屋《へや》いっぱいに、つばさくんの髪《かみ》の毛が散《ち》らばっています。

「カットクロスがいやなら、雨ガッパはどうかしら？」

野口《のぐち》先生と赤松《あかまつ》さんは、色々《いろいろ》チャレンジしてみました。今回も髪《かみ》を切ることはできましたが、カットが終《お》わるころには、つばさくんも、野口《のぐち》先生も、赤松《あかまつ》さんも、髪《かみ》の毛だらけになっていました。

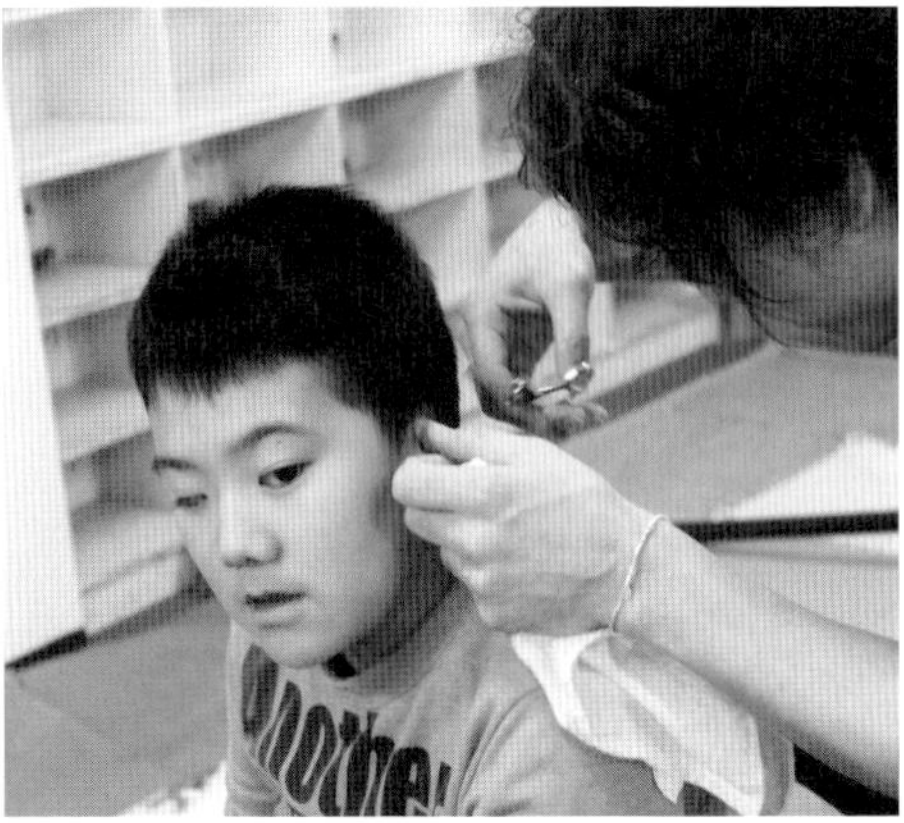

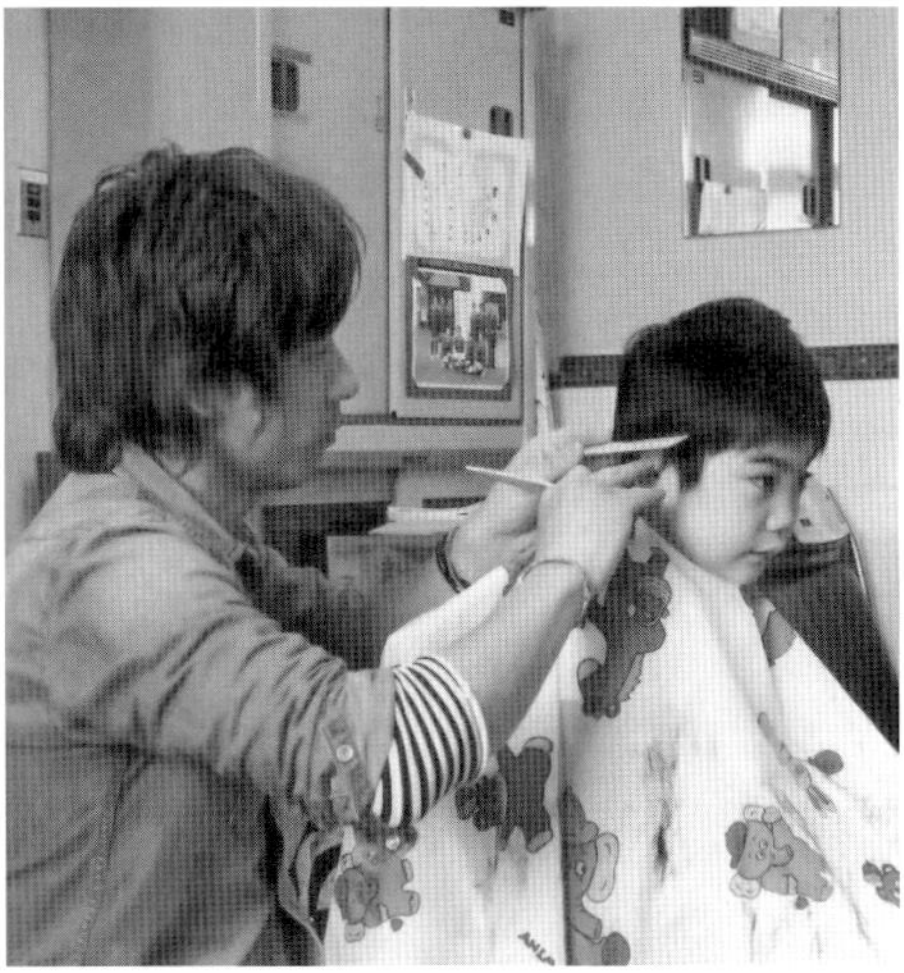

スマイルカット中のつばさくん（上）と
ゆかるくん（下）

それから二カ月ごとに、三回目、四回目と、児童館《じどうかん》でゆかるくんとつばさくんのヘアカットを重《かさ》ねました。ふたりとも、「赤松《あかまつ》さんに髪《かみ》の毛をカットされるのは、こわくない」と、理解《りかい》してくれるようになりました。

（赤松《あかまつ》さんに髪《かみ》を切られるのは、いやじゃないや）

（絶対《ぜったい》おこらん。やさしい人やで）

五回目のカットが終《お》わったあとで、赤松《あかまつ》さんがお母さんたちと、次《つぎ》のカットの相談《そうだん》をしていたときのことでした。

「次回《じかい》は、五月十七日辺《あた》りで、どうでしょうか？」

すると、それを聞いたつばさくんが、ぼそりとつぶやきました。

「月曜日……」

ほとんどしゃべらないつばさくんの声を、赤松《あかまつ》さんはキャッチしたのです。

「そうやで。月曜日やで。ようわかったね。すごいやん」

スマイルカットの活動日《かつどうび》は、お店がお休みの月曜日です。

「つばさは、なんでかわからんけど数字に強くて、カレンダーをみんな覚《おぼ》えているんですよ」

お母さんにいわれて、赤松《あかまつ》さんは半《はん》信半疑《しんはんぎ》で、つばさくんにたずねました。

「じゃあ、八月二十五日は？」

「水曜日！」

またまた正解《せいかい》です！　赤松《あかまつ》さんは、とてもおどろきました。

発達障《はったつしょう》がいのある子どもたちの中には、世界《せかい》の国々の国旗《こっき》を全部《ぜんぶ》覚《おぼ》えていたり、電車の名前にくわしかったりと、何かひとつのことにこだわりを持《も》つ子

が、少なくありません。つばさくんは、思わぬところに得意《とくい》なことがあったのです。

そこで次《つぎ》のヘアカットのときに、赤松《あかまつ》さんはつばさくんに聞きました。

「つばちゃん。今からカットするけど、あそこの時計の長いはりが『2』のところに来るまで、じっとしていてくれるかな？」

「十分？」

「正解《せいかい》！」

つばさくんが時計を読めることを、赤松《あかまつ》さんは初《はじ》めて知りました。

カットが始《はじ》まると、つばさくんはじっと時計を見ています。おどろいたことに、今まですぐに立ち歩いていたつばさくんが、おとなしくイスにすわっているではありませんか！

この日、約束《やくそく》した十分の間、一度《いちど》も立ちあがることはありませんでした。

（今までは、なぜ、つばちゃんは立ちあがっていたんだろう）

赤松《あかまつ》さんは、つばさくんの心の中を想像《そうぞう》してみました。

ちょっと切って、（はい、終《お》わった！）

ちょっと切っては、（えっ、まだなのー）

ちょっと切って、（いつ、終《お》わるのかな？）

ちょっと切っては、（もう、いい加減《かげん》にしてくれ！）

心の中で、そうさけんでいたにちがいありません。ちゃんと最初《さいしょ》から、ゴールを伝《つた》えていれば、つばさくんは理解《りかい》できたのです。

赤松《あかまつ》さんにとって、大きな発見《はっけん》でした。

（「見通しを立てる」って、このことやったんや！）

スマイルカットの具体的《ぐたいてき》な方法《ほうほう》についてなやんでいた赤松《あかまつ》さんに、大きなヒントをくれたのは、他《ほか》ならぬつばさくんでした。

（つばちゃん、ありがとう！）

赤松《あかまつ》さんは、つばさくんに心の中で、お礼《れい》をいいました。

4 会議室《かいぎしつ》が美容院《びよういん》に

スマイルカットを始《はじ》めたばかりのころは、お父さんやお母さんの手をぎゅっとにぎりしめていたゆかるくんも、一年がたつころには、すっかりひとりで、イスにすわれるようになりました。苦手《にがて》な音に配慮《はいりょ》すれば、何の問題《もんだい》もありません。

「きれいにしてもらってよかったね」

「すごいや。よう、がんばったな」

お母さんとお父さんにほめられたゆかるくんは、うれしい気持《きも》ちでいっぱいになりました。大きらいだったヘアカットが、少しずつ苦手《にがて》ではなくなっていったのです。赤松《あかまつ》さんは、すっかりゆかるくんやお母さんの信頼《しんらい》を取《と》りもどしたのでした。

こうして、スマイルカットは順調《じゅんちょう》に続《つづ》けられましたが、当時、その学童《がくどう》クラブに通えるのは四年生まででした。

そのあとのことを、考えなくてはいけない時期《じき》に来ていました。

そんなとき、ゆかるくんやつばさくんが通う特別支援学校《とくべつしえんがっこう》では、ふたりの髪《かみ》の毛が、いつもスッキリとカットされていることが話題《わだい》になり、お母さんたちは、保護者《ほごしゃ》の人たちによくたずねられました。

「いつも、どこでカットしてもらってるん？」

ゆかるくんのお母さんが、赤松《あかまつ》さんの〈スマイルカット〉のことを話すと、お母さんたちが熱心《ねっしん》に聞いてくれました。

「うちの子も、髪《かみ》の毛切ってもらうところがなくて、ほんとにこまってるねん」

「うちもやで」

特別支援学校《とくべつしえんがっこう》には、小学一年生から高校三年生の子どもたちが通学しています。発達障《はったつしょう》がいだけでなく、ダウン症《しょう》や肢体不自由《したいふじゆう》など、様々《さまざま》な障《しょう》がいを持《も》った子どもたちがいます。美容院《びよういん》に行くこと自体が、むずかしい子も多いのです。

「もし赤松《あかまつ》さんが学校でカットしてくれたら、みんな助《たす》かるよね」

「めっちゃ、ええ考えやな」

そうした保護者《ほごしゃ》の人の声を受《う》けて、ＰＴＡ会長さんが校長先生に相談《そうだん》に行ってくれました。

さっそく、赤松《あかまつ》さん、校長先生、ＰＴＡ会長さんとで、話し合いが持《も》たれました。

赤松《あかまつ》さんは、これまでのスマイルカットの活動《かつどう》について説明《せつめい》しました。

すると、じっと話を聞いてくれていた校長先生が力強くいいました。

「なんて素晴《すば》らしい活動《かつどう》なんや！　赤松《あかまつ》さん、ぜひお願《ねが》いします！　何やったら、この校長室で、やってもらってもかまいません」

赤松《あかまつ》さんは、校長先生の言葉《ことば》を聞いて、胸《むね》が熱《あつ》くなりました。

話し合いの結果《けっか》、ＰＴＡの活動《かつどう》として、スマイルカットが行われることになりました。不安《ふあん》がないよう、赤松《あかまつ》さんも参加《さんか》して、保護者《ほごしゃ》へ向《む》けた説明会《せつめいかい》を開《ひら》き、前もってスマイルカットを希望《きぼう》する子どもたちをつのります。

当日は必《かなら》ず保護者《ほごしゃ》や、担任《たんにん》の先生も付《つ》きそいます。また、子どもたちが、なるべく緊張《きんちょう》しないように、ふだん教室で使《つか》っているイスを運《はこ》んだり、その子が大切にしているオモチャを持《も》ちこんだりすることも、OKにしました。

さすがに、校長室が髪《かみ》の毛だらけになっては大変《たいへん》です。大きなソファーがあっては、そうじもできません。会場は、会議室《かいぎしつ》を使《つか》わせてもらうことになりました。

特別支援学校《とくべつしえんがっこう》での〈スマイルカット〉の日。

赤松《あかまつ》さんは、お店のスタッフの小寺麻美《こでらあさみ》さんとふたりで、学校をおとずれました。小寺《こでら》さんはとてもやさしく、子どもたちにも大人気で、〈ママにもできる！チャイルドカット〉の講座《こうざ》にも力をかしてくれています。

せまい会議室《かいぎしつ》に、子どもたちや先生、保護者《ほごしゃ》もそろっています。この日は、十人の子どもたちがいました。

ひとり目は、中学生くらいの男の子です。名前はやっくん。

赤松《あかまつ》さんの顔を見ると、いきなり、まき舌《じた》で、

「オレ、切らんからなぁ」

と、大きな声でいいました。

だけど、先生もお母さんもなれっこです。

「まあまあ。そんなこといわんと、やっくん、すわろうや」

なだめられると、余計《よけい》にすごみます。

「切らんって、いうとるやろが！」

「まあまあ」

みんなでなだめると、ますます意気《いき》ごんで、声が大きくなります。

「いやや、やめろや」

そういいながらも、やっくんは、みんなになだめられて、ようやくすわってくれました。

赤松《あかまつ》さんは、お母さんではなく、やっくんに話しかけます。タオルをまく。カットクロスをかける。髪《かみ》の毛を水でぬらす。ひとつひとつの動作《どうさ》の前に、必《かなら》ず説明《せつめい》して、やっくんに了解《りょうかい》をえます。

つばさくんのカットの経験《けいけん》から、カットのと

スマイルカットに使用《しよう》しているタイマー

きはタイマーを使《つか》って時間の見通しがつきやすい工夫《くふう》をしました。計りたい時間をセットすると、赤いはりが動《うご》いて残《のこ》りの時間がひと目でわかります。

やっくんは、最初《さいしょ》にすごんだのがうそのように、おとなしく髪《かみ》を切らせてくれました。

終《お》わった瞬間《しゅんかん》、そばにいた人たちがいっせいに拍手《はくしゅ》します。

「やっくん、かっこいい！」

せまい会議室《かいぎしつ》で、みんなが手をたたいてほめたので、ものすごい歓声《かんせい》です。

あれだけいやだといいはっていたやっくんが、鏡《かがみ》を見て満足《まんぞく》そうに、

「よっしゃ！」

と、ガッツポーズをしました。

ゆかるくんも、カットの場所《ばしょ》が児童館《じどうかん》から会議室《かいぎしつ》に変《か》わりましたが、スムーズにカットできました。つばさくんは、学校ではなく、赤松《あかまつ》さんの美容院《びよういん》でカットができるように、お母さんと相談《そうだん》中です。

残《のこ》りの子どもたちも、みんなにはげまされながら、無事《ぶじ》にヘアカットを終《お》えました。

二カ月後、スマイルカットを一番待《ま》っていたのは、やっくんでした。赤松《あかまつ》さんが行くと、元気よく一枚《まい》の紙を差《さ》し出しました。

髪型《かみがた》のイラストを、自分で描《か》いて持《も》ってきたのです。

「今日は、この髪型《かみがた》にしてほしいねん」

イラストの絵を見て、赤松《あかまつ》さんは思わずにっこり笑《わら》いました。

マンガの『ドラゴンボール』に出てくる「超《スーパー》サイヤ人」のようなギザギザのかっこいい髪型《かみがた》にしたいようです。

「やっくん、まかせといてや！」

サイドとバックの髪《かみ》を短《みじか》く切って、上はツンツンのスタイルにしました。仕《し》上《あ》げにハードワックスをつけてトップを立たせます。

「めっちゃ、かっこええわ」

カットを終《お》えたやっくんは、ご機嫌《きげん》です。みんなが拍手《はくしゅ》してよろこんでくれました。

こうして、スマイルカットは順調《じゅんちょう》に続《つづ》いていきました。

※スマイルカットなどの、謝金《しゃきん》が発生《はっせい》するイベントを行うことができるかどうかは、その施設《しせつ》によります。

5 ピースマン大活躍《だいかつやく》！

赤松《あかまつ》さんはスマイルカットの経験《けいけん》を積《つ》みながら、発達障《はったつしょう》がいがある子どもたちのために、自分ができることをさらに考えていました。

（ぼくは、子どもたちの「言葉《ことば》にならない心の声」に、どれだけ気付《きづ》いているんやろか）

見通しを立てることの大切さを、つばさくんに教えてもらいましたが、もっとみんなにわかりやすい方法《ほうほう》はないだろうか、と思ったのです。

そんなとき、思いついたのが「絵カード」でした。

ひとくちにヘアカットといっても、小さな行程《こうてい》がいくつもあります。

赤松《あかまつ》さんは、ひとつひとつの行程《こうてい》を絵にして、カードを作りました。

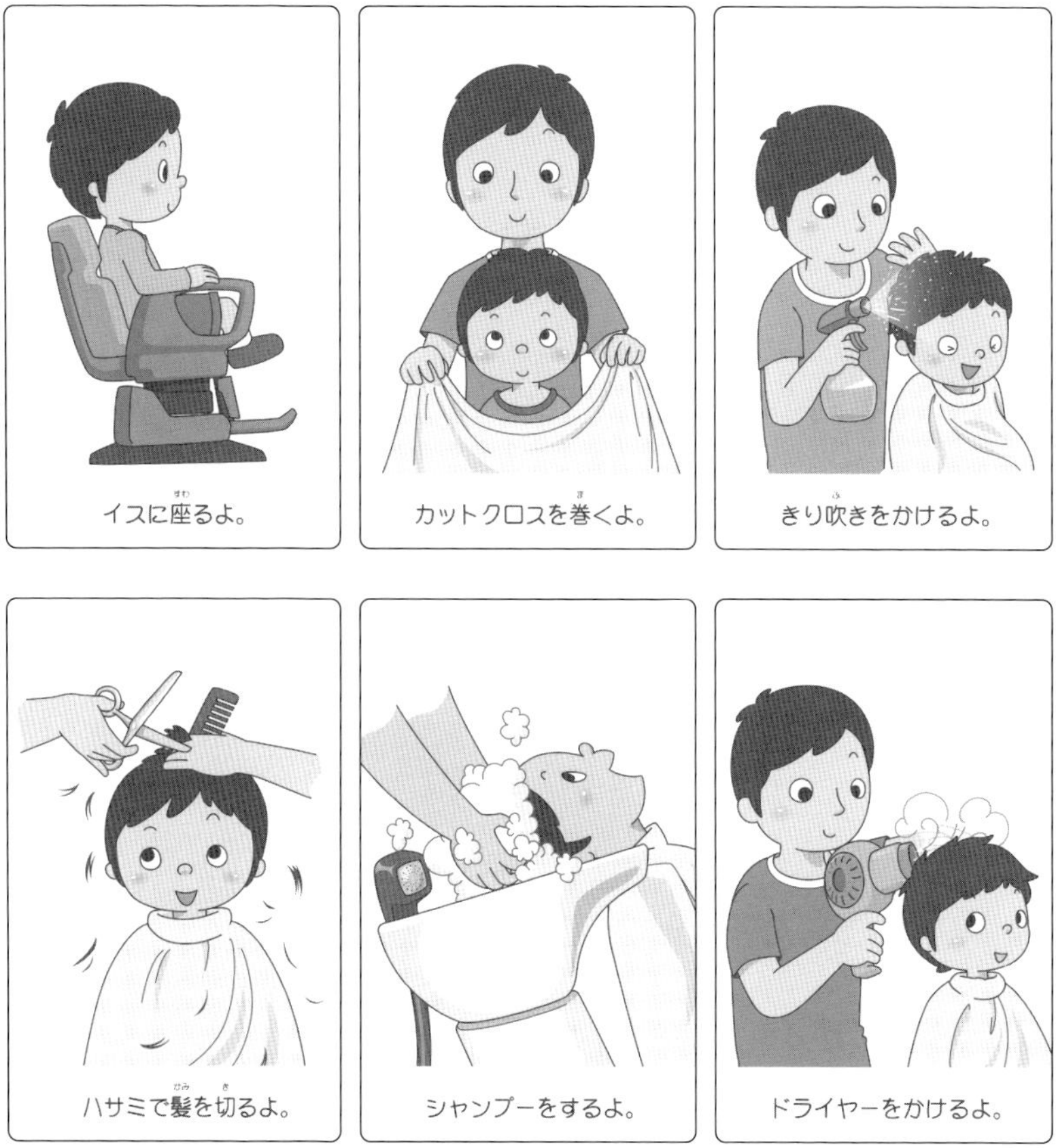
イスに座《すわ》るよ。
カットクロスを巻《ま》くよ。
きり吹《ふ》きをかけるよ。
ハサミで髪《かみ》を切《き》るよ。
シャンプーをするよ。
ドライヤーをかけるよ。

スマイルカットに使用《しよう》している絵カード。男の子バージョンには「バリカンで髪《かみ》を切るよ」というカードもある。女の子バージョンもある

カットのとき、子どもの前にホワイトボードを置《お》き、絵カードを順番《じゅんばん》にはりつけます。すべてをやる必要《ひつよう》はありません。その子に合わせて、できるところから、できることを、やっていけばいいのです。そして動作《どうさ》の前には、必《かなら》ず子どもに声かけをします。

「イスにすわるよ」

ヘアカットの間じゅう、イスにすわっていられる子どもたちばかりではあり

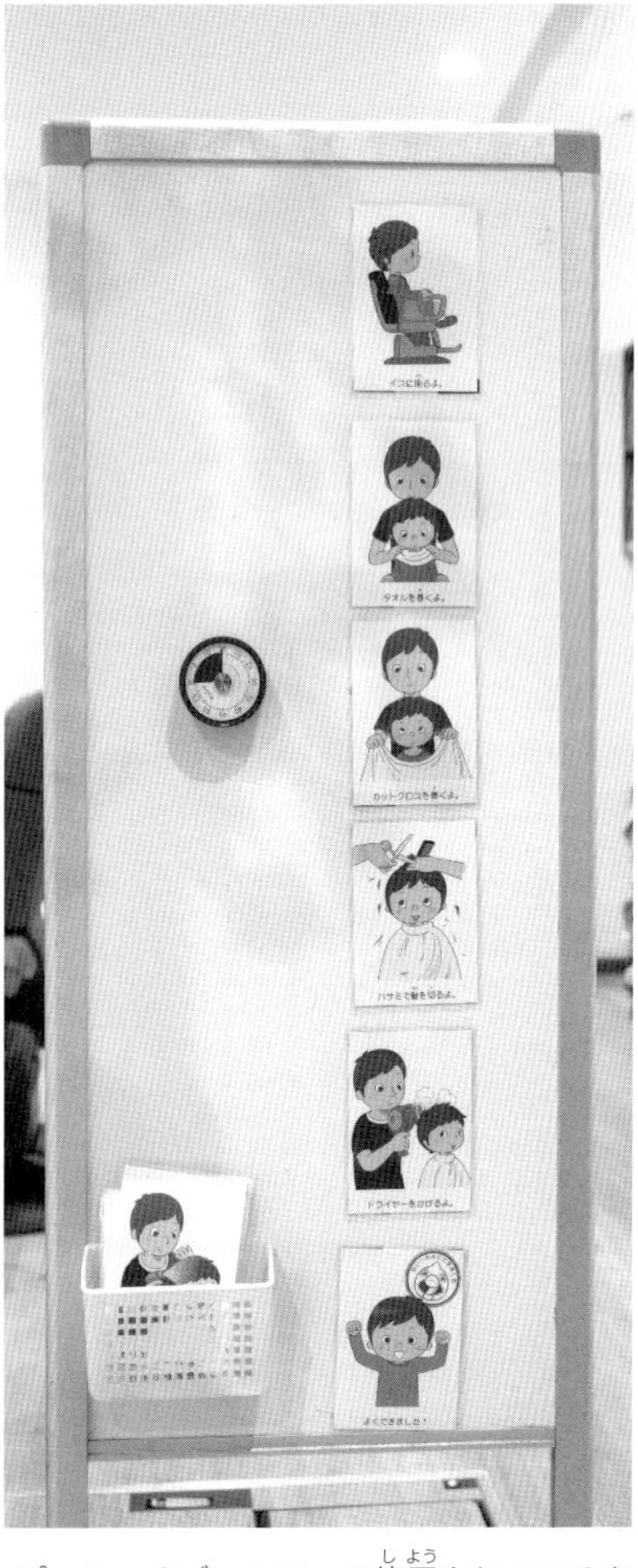

ピース・オブ・ヘアーで使用《しよう》されているホワイトボード。
その子に合わせた絵カードやタイマーをはりつけて使《つか》っている

ません。ゆかに直接《ちょくせつ》すわる子は、赤松《あかまつ》さんもゆかにすわって、全身《ぜんしん》、髪《かみ》の毛だらけになりながら、カットします。せまいところが落《お》ち着《つ》く子は、階段《かいだん》の途中《とちゅう》でカットすることもあります。外の景色《けしき》が見える窓辺《まどべ》が好《す》きな子もいます。カットする場所《ばしょ》はその子に合わせます。

「カットクロスをまくよ」

　カットクロスを見たとたん、まるでユウレイに出会ったようにおびえた顔をする子もいます。カットクロスがどんなものかわからない場合は、赤松《あかまつ》さ

カットを受《う》ける子に合わせて髪《かみ》を切る場所《ばしょ》を変《か》える赤松《あかまつ》さん。
ゆかにすわってカットしたり…
お気に入りの窓辺《まどべ》でカットしたり…

んが自分でまいて見せます。カットクロスがきらいな子は、体が髪《かみ》の毛だらけになってしまうので、家から着《き》がえを持《も》ってきてもらいます。

「シュッシュッと、きりふきをかけるよ」

ヘアカットをするときには、普通《ふつう》は切りやすいように髪《かみ》に水をかけます。

しかし、初《はじ》めて美容院《びよういん》にやってきた子どもは、いきなり冷《つめ》たい水をかけられたら、それだけでおどろいてしまいます。

まず、赤松《あかまつ》さんは、自分の髪《かみ》の毛に水をかけて見せます。

「あっ、冷《つめ》たい！」

赤松《あかまつ》さんがいうと、子どもたちは笑《わら》います。

「○○ちゃんにも、かけていい？」

「いいよ。ひやっ、冷《つめ》たい！」

いやがらずに笑《わら》っています。まるで楽しい水遊《みずあそ》びのようです。水が苦手《にがて》な子は、かわいた髪《かみ》のままカットします。

「じゃあ、今から髪《かみ》の毛を、切っていくよ」

タイマーを取《と》り出して、時間をセットします。目盛《めも》りがどんどんへっていきます。

「あとふたつだ。……あとひとつだ」

視覚《しかく》から情報《じょうほう》を得《え》ることで、ちゃんと動《うご》かずに待《ま》ってくれます。タイマーがわからない子どもたちには、お母さんに協力《きょうりょく》してもらって、家でもタイマーを使《つか》って、時間の感覚《かんかく》をつかむ練習《れんしゅう》をしてもらいます。

シャンプーをしたり、ドライヤーを使《つか》ったりするのは、苦手《にがて》な子が多いので、その子の様子《ようす》を見ながら行います。

ひとつひとつの動作《どうさ》ができると、「できたね。すごいね」と、声をかけてホワイトボードにはりつけた絵カードをかたづけていきます。

子どもたちの中には、ひとつ終《お》わるたびに、自分で絵カードをかたづける子もいます。かたづけるたびに、「やったぁ」「できた！」という、うれしい達成《たっせい》感《かん》がわいてくるのです。

　こうして、何度《なんど》かスマイルカットを重《かさ》ねるうちに、絵カードやタイマーを使《つか》わなくても、ヘアカットができるようになる子もいます。

赤松《あかまつ》さんは、そんな子どもたちに〈スマイルカット卒業証書《そつぎょうしょうしょ》〉を手わたすことにしました。

「よく、ここまでがんばったね。おめでとう」

　卒業証書《そつぎょうしょうしょ》をもらった子どもたちの目は、キラキラとかがやいています。まさに、赤松《あかまつ》さんが目指《めざ》

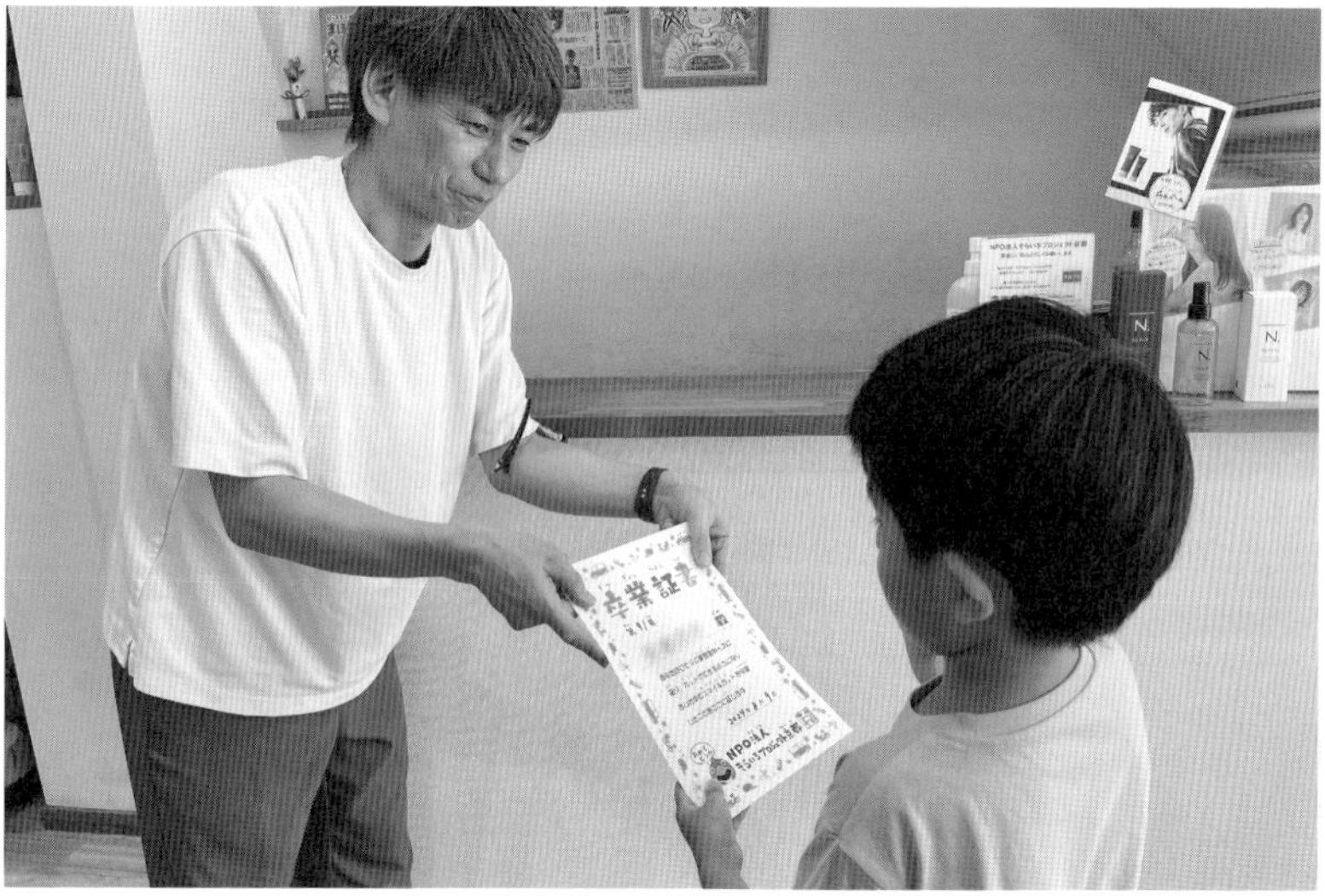

スマイルカット卒業証書《そつぎょうしょうしょ》が手わたされる瞬間《しゅんかん》！

していた、子どもが主役《しゅやく》になる瞬間《しゅんかん》です。

それだけではありません。スマイルカットを卒業《そつぎょう》できたことで、子どもたちの「やる気スイッチ」が入ります。

「今まで苦手《にがて》だった歯医者《はいしゃ》さんや、耳鼻科《じびか》のお医者《いしゃ》さんにも、通えるようになったんですよ」

こぼれそうな笑顔《えがお》で、お母さんたちからそんな話を聞くと、赤松《あかまつ》さんも、たまらなくうれしいのです。


やがて、スマイルカットの評判《ひょうばん》を聞いて、テレビ局《きょく》や新聞社から取材《しゅざい》を依頼《いらい》されることがふえてきました。すると、赤松《あかまつ》さんのお店には、関西《かんさい》地方だけでなく、遠くからもお客《きゃく》さんがたずねてくるようになりました。

（スマイルカットが、注目《ちゅうもく》してもらえてうれしいな）

最初《さいしょ》のうちは、赤松《あかまつ》さんもそう思いました。でも、よく考えてみると、それは、遠くからたずねてくるお客《きゃく》さんの家の近くにはまだ、発達障《はったつしょう》がいのある子どもたちの髪《かみ》をカットしてくれる美容院《びよういん》がない、ということです。

（もっともっとスマイルカットを広げたい……。何か、知ってもらうきっかけを作りたいな……。あっ、そうだ！）

赤松《あかまつ》さんが思いついたのは、子どものころ好《す》きだった戦隊《せんたい》ヒーローです。

赤松《あかまつ》さんは、京都造形芸術大学《きょうとぞうけいげいじゅつだいがく》（現《げん》・京都芸術大学《きょうとげいじゅつだいがく》）の学生さんといっしょに〈星髪戦士《せいはつせんし》ピースマン〉を誕生《たんじょう》させました。以前《いぜん》、ゲストスピーカーとして大学の講義《こうぎ》によばれたときに、学生さんと親しくなったのです。ピースマンのデザインをしたのは、多田《ただ》さんです。名前は、赤松《あかまつ》さんのお店〈ピース・オブ・ヘアー〉から付《つ》けました。

テレビの戦隊《せんたい》ヒーローにも負《ま》けない立派《りっぱ》な衣装《いしょう》を、学生さんたちといっしょに手作りしました。そして、赤松《あかまつ》さんと学生さんたちで演技《えんぎ》の練習《れんしゅう》を重《かさ》ね、幼稚園《ようちえん》や児童館《じどうかん》などで、戦隊《せんたい》ヒーローショーを始《はじ》めました。

敵《てき》は、ボサボサ星人の「ボーサボーサ」。
髪《かみ》の毛を切らない子には、
ボーサボーサがやってきて、悪《わる》さをします。
ビビビビ・・・！　ボサボサビーム！
大変《たいへん》だ！　髪《かみ》の毛がもっとボサボサになってしまった……。
そこへ「星髪戦士《せいはつせんし》ピースマン」登場《とうじょう》。
シャキーン！　行くぞー
するどいハサミで、シザーカッツ！

ピースマンが、ボーサボーサの髪《かみ》の毛を短《みじか》く切ってやっつけてくれると、子どもたちが大きな拍手《はくしゅ》をしてくれます。
赤松《あかまつ》さんがピースレッドで、学生さんにピースブルーやボーサボーサを演《えん》じ

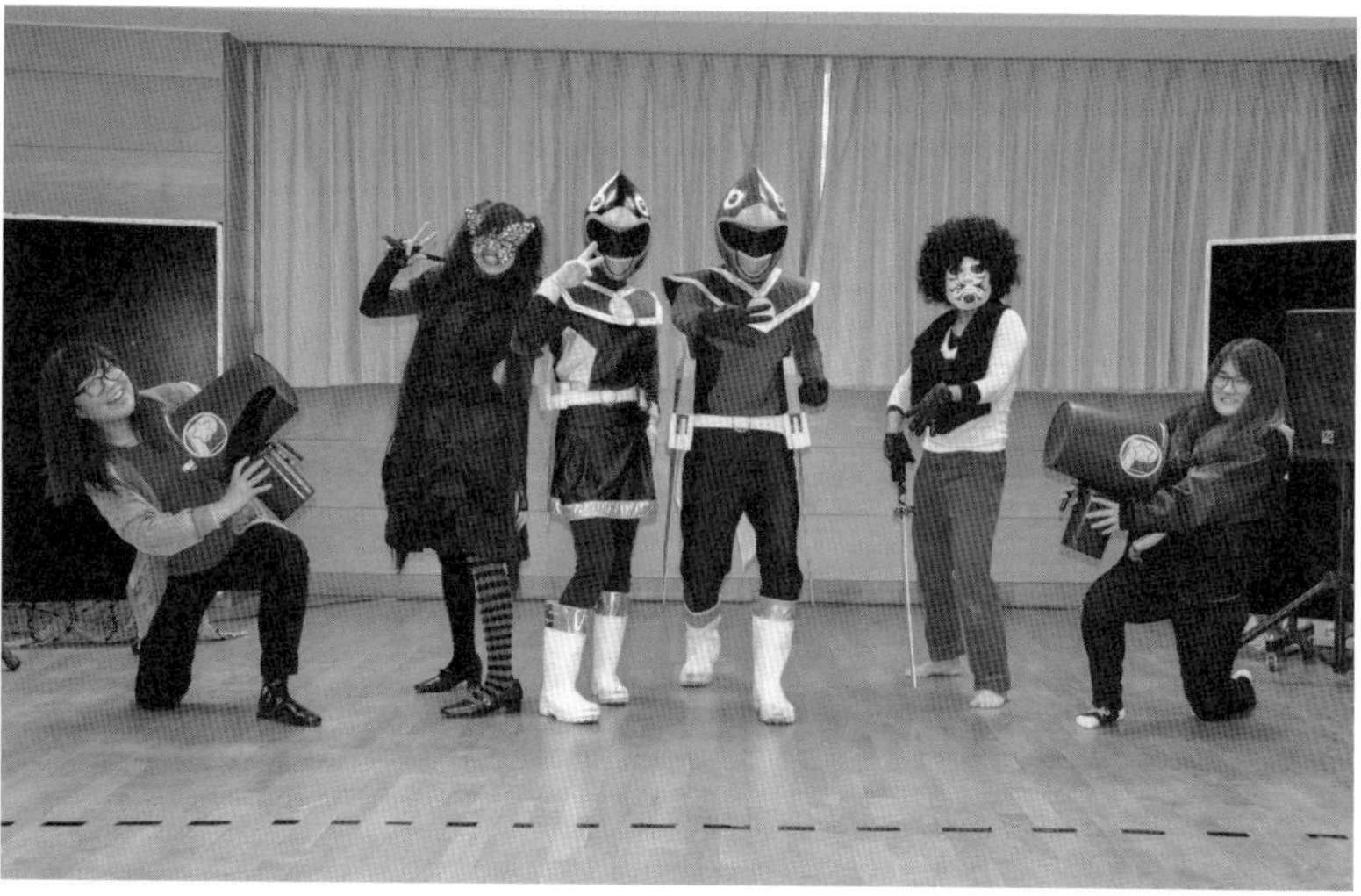

ピースマンショーの様子《ようす》。演《えん》じているのは京都造形芸術大学《きょうとぞうけいげいじゅつだいがく》（当時）の学生さんたち。よく見ると、武器《ぶき》はハサミやドライヤーになっている

てもらいました。

ときには、子どもたちに、ピースマンのマスクをかぶってもらって、記念写《きねんしゃ》真《しん》の撮影《さつえい》もします。

そんな活動《かつどう》をＳＮＳで発信《はっしん》すると、

「おまえ、美容師《びようし》なのに、何してんねん。おもろいな」

と、美容師仲間《びようしなかま》からいわれるようになりました。

そこで、赤松《あかまつ》さんは「待《ま》ってました！」とばかりに、笑顔《えがお》で答えます。

「実《じつ》はな、ピースマンはな、ヘアカットが苦手《にがて》な子どもたちが、笑顔《えがお》でカットできるように応援《おうえん》するヒーローやねん！」

すると、同じ美容師《びようし》の仲間《なかま》から、「それって、どんな活動《かつどう》なん？」と聞かれます。説明《せつめい》を聞いて「ええなぁ！　うちの店でもスマイルカットをやってみたい！」と、いう人もいました。こうして、スマイルカットに挑戦《ちょうせん》する美容師《びようし》の仲間《なかま》が、どんどんふえていきました。

ある日、ピースマンが京都府《きょうとふ》のイベントによばれたときのことです。そこに、当時の京都府知事《きょうとふちじ》の山田啓二《やまだけいじ》さんが、視察《しさつ》にやってきていました。

「あっ、知事《ちじ》さんや！」

赤松《あかまつ》さんは、知事《ちじ》さんにどうしても話したいことがありました。

スマイルカットを始《はじ》めた仲間《なかま》の美容師《びようし》さんから、公民館《こうみんかん》でスマイルカットをしているときに、保健所《ほけんじょ》からこんな指摘《してき》を受《う》けたと、相談《そうだん》があったのです。

「公民館《こうみんかん》まで行けるのなら、美容院《びよういん》に行けるでしょ」

美容師法《びようしほう》では、原則《げんそく》、美容師《びようし》が美容院以外《びよういんいがい》の場所《ばしょ》で営業《えいぎょう》をすることはできないと決《き》められていますが、障《しょう》がいがあって美容院《びよういん》に行けない人のためであれば、美容院以外《びよういんいがい》の場所《ばしょ》でカットを行うことがみとめられています。

けれども、美容師法《びようしほう》の「障《しょう》がい者《しゃ》」とは、主《おも》に身体障《しんたいしょう》がい者《しゃ》のことが想定《そうてい》されています。法律《ほうりつ》が制定《せいてい》された昭和《しょうわ》三十二年当時、発達障《はったつしょう》がいは、まだほとんど知られていませんでした。

美容院《びよういん》ではむずかしくても、行きなれた公民館《こうみんかん》でならヘアカットできるという、発達障《はったつしょう》がいのある子どもたちの事情《じじょう》が、理解《りかい》してもらえなかったのです。

美容師法《びようしほう》は、国が定《さだ》めた法律《ほうりつ》ですが、実際《じっさい》に施行《しこう》されるにあたっては、県《けん》や市などの自治体《じちたい》が条例《じょうれい》を定《さだ》めています。都道府県《とどうふけん》によっては、事前《じぜん》にどういう人に訪問《ほうもん》カットをするのか、とどけ出なければならないところもあります。これでは、スマイルカットを全国《ぜんこく》に広げていくのがむずかしくなってしまいます。

しかし、赤松《あかまつ》さんは京都府《きょうとふ》の条例《じょうれい》に、例外《れいがい》の場合として〈その他知事《たちじ》が特《とく》に必要《ひつよう》と認《みと》める場合〉と書いてあることを覚《おぼ》えていました。発達障《はったつしょう》がいのある子どもたちが、美容院以外《びよういんいがい》の場所《ばしょ》でカットすることをみとめてほしくて、知事《ちじ》さんに直談判《じかだんぱん》したかったのです。

「知事《ちじ》さん、お願《ねが》いです。ピースマンと写真《しゃしん》をとってください！」

赤松《あかまつ》さんがそう声をかけると、知事《ちじ》さんはにこやかに対応《たいおう》してくれました。

赤松《あかまつ》さんは、周《まわ》りにいた職員《しょくいん》たちに止められないように、必死《ひっし》でしゃべり続《つづ》けます。

「ぼくは美容師《びようし》で、発達障《はったつしょう》がいのある子どもたちのヘアカットに取《と》り組んでいます。実《じつ》はピースマンは、そのことをたくさんの人に知ってもらうために活動《かつどう》しているんです」

「発達障《はったつしょう》がい」という言葉《ことば》を聞いたとたん、知事《ちじ》さんは真剣《しんけん》な顔つきに変《か》わりました。

「美容師法《びようしほう》によって、必要《ひつよう》な人が訪問《ほうもん》カットを受《う》けられない状況《じょうきょう》があります。発達障《はったつしょう》がいのある子どもたちの中には、美容院《びよういん》で髪《かみ》を切ることがむずかしい子がいるんです。でも、ふだん行きなれた児童館《じどうかん》や公民館《こうみんかん》でなら、ヘアカットができます。もし、知事《ちじ》さんがみとめてくれたら、この子たちがヘアカットできる場所《ばしょ》がふえるんです！」

なんとかして、この活動《かつどう》を知事《ちじ》さんにみとめてほしい一心で、赤松《あかまつ》さんは、状況《じょうきょう》をうったえました。すると、だまって話を聞いていた知事《ちじ》さんがいいました。

「よし、やるか！」

「本当ですか！　ありがとうございます！」

さっそく、秘書《ひしょ》さんと名刺交換《めいしこうかん》をして、より具体的《ぐたいてき》に話を進《すす》めていくことになったのです。

しばらくして、赤松《あかまつ》さんは京都《きょうと》府庁《ふちょう》の知事室《ちじしつ》によばれました。しかし、そこにいたのは知事《ちじ》さんで

京都府《きょうとふ》のイベントにて。
一番右が赤松《あかまつ》さん、右から二番目が山田知事《やまだちじ》（当時）

はなく、知事《ちじ》の秘書《ひしょ》さんと生活衛生課《えいせいか》の課長《かちょう》さんでした。

「ブログなどを見て、活動《かつどう》の内容《ないよう》は理解《りかい》しました。赤松《あかまつ》さんに関《かん》しては特《とく》に違《い》法性《ほうせい》を感《かん》じないので、このまま続《つづ》けてもらってだいじょうぶです。ただ、いろんな立場の人がいますので、〈その他知事《たちじ》が特《とく》に必要《ひつよう》と認《みと》める場合〉という言《こと》葉《ば》の中に、発達障《はったつしょう》がいのある子どもだけを入れるのはむずかしいです」

赤松《あかまつ》さんは京都府《きょうとふ》でみとめられたら、その事例《じれい》を公表《こうひょう》し、全国的《ぜんこくてき》に働《はたら》きかけていこうと考えていました。赤松《あかまつ》さんだけに許可《きょか》が下りても、全国《ぜんこく》の都道府県《とどうふけん》でみとめてもらわなくては意味《いみ》がありません。

ここで引きさがったら、いつまた知事《ちじ》さんに話を聞いてもらえるかわかりません。赤松《あかまつ》さんは必死《ひっし》で食いさがります。

「あのとき、知事《ちじ》さんはおっしゃいました。『よし、やるか！』と。トップがやるといったのに、どうしてできないんですか！」

するとは秘書《ひしょ》さんがいいました。

「赤松《あかまつ》さんのおっしゃることは、よくわかりました。知事《ちじ》にも伝《つた》えます」

　それから、秘書《ひしょ》さんは、生活衛生課《えいせいか》の課長《かちょう》さんを見ていいました。

「もう一回、この件《けん》に関《かん》して、見直していただけませんか？」


　それから半年後、秘書《ひしょ》さんから電話がありました。

「赤松《あかまつ》さん、時間がかかって、やきもきしているかもしれませんが、もう少し待《ま》ってくださいね」

　この間、京都府《きょうとふ》は福祉団体《ふくしだんたい》などにヒアリング調査《ちょうさ》をしていました。

　そして一年後、赤松《あかまつ》さんは生活衛生課《えいせいか》の課長《かちょう》さんによばれました。

「赤松《あかまつ》さん、待《ま》たせてすまなかったね。京都府《きょうとふ》から、公報《こうほう》が出たよ」

「ありがとうございます！」

　公報《こうほう》とは、国や地方自治体《ちほうじちたい》が行う公式《こうしき》の報告《ほうこく》のことです。

　赤松《あかまつ》さんは深《ふか》く頭を下げてお礼《れい》をいうと、文書をじっくりと読みました。

〈京都府告示《きょうとふこくじ》第《だい》四七〇号《ごう》

美容師法《びようしほう》に基《もと》づく衛生上《えいせい》必要《ひつよう》な措置等《そちなど》に関《かん》する条例《じょうれい》（平成《へいせい》十二年京都府《きょうとふ》条例第《じょうれいだい》七号《ごう》）第《だい》二条第四号《じょうだい》《ごう》に規定《きてい》する知事《ちじ》が特《とく》に必要《ひつよう》と認《みと》める場合は、次《つぎ》のとおりとする。

平成《へいせい》二十六年八月二十六日

京都府知事《きょうとふちじ》　山田啓二《やまだけいじ》

身体障害《しんたいしょうがい》、知的障害《ちてきしょうがい》、精神障害《せいしんしょうがい》（発達障害《はったつしょうがい》を含《ふく》む。）その他《た》の心身《しんしん》の機能《きのう》の障害《しょうがい》がある者《もの》であって、その障害《しょうがい》により美容所《びようしょ》において美容《びよう》を受《う》けることが困難《こんなん》なものに対《たい》して、その者《もの》の障害《しょうがい》に応《おう》じた場所《ばしょ》で美容《びよう》を行う場合〉

これで京都府《きょうとふ》では、色々《いろいろ》な場所《ばしょ》でスマイルカットができるようになりました。

「やったー！」

生活衛生課《えいせいか》の課長《かちょう》さんがいいました。

「赤松《あかまつ》さん、〈その他知事《たちじ》が特《とく》に必要《ひつよう》と認《みと》める場合〉という文言は、条例《じょうれい》ではよく書いてありますが、どの条例《じょうれい》も知事《ちじ》の特例《とくれい》が出ることはほとんどないんですよ」

けれども、赤松《あかまつ》さんが目指《めざ》しているゴールは、スマイルカットが京都府《きょうとふ》だけでなく、全国《ぜんこく》に広がることです。ＳＮＳでこれまでの経緯《けいい》を知った美容師《びようし》の仲間《なかま》のひとりが、知り合いの国会議員《こっかいぎいん》さんに連絡《れんらく》をしてくれました。

すると、赤松《あかまつ》さんのところに、その国会議員《こっかいぎいん》さんから連絡《れんらく》がありました。

「これから、厚生労働省《こうせいろうどうしょう》の人と会うので、話を聞かせてくれませんか？」

厚生労働省《こうせいろうどうしょう》は美容師法《びようしほう》を管轄《かんかつ》している省庁《しょうちょう》で、国民《こくみん》の生活をよりよくするために、社会福祉《ふくし》や公衆衛生《こうしゅうえいせい》について取《と》り仕切《しき》っているところです。障《しょう》がい者《しゃ》への支援《しえん》も、厚生労働省《こうせいろうどうしょう》の役割《やくわり》のひとつです。

赤松《あかまつ》さんは、現行《げんこう》の法律《ほうりつ》と現場《げんば》の状況《じょうきょう》、法律《ほうりつ》の問題点《もんだいてん》をまとめ、議員《ぎいん》さんにくわしく話しました。

それを受《う》けて、今度《こんど》は議員《ぎいん》さんが、厚生労働省《こうせいろうどうしょう》と協議《きょうぎ》を行った結果《けっか》、正式《せいしき》な見解《けんかい》が出ました。

〈心身《しんしん》の障《しょう》がいの機能《きのう》により美容師法《びようしほう》に於《お》いて美容《びよう》を受《う》けることが困難《こんなん》なものに対《たい》して、その者《もの》の障《しょう》がいに応《おう》じた場所《ばしょ》で美容《びよう》を行う場合は特例《とくれい》とする〉

これで何の心配《しんぱい》もなく、全国《ぜんこく》どこででもスマイルカットの活動《かつどう》ができるようになりました。

ピースマンは、すごい仕事《しごと》を成《な》しとげたのです。

6 スマイルカットが当たり前になるために

「わたしたちも、スマイルカットに挑戦《ちょうせん》したい！」

ピースマンが大活躍《だいかつやく》したおかげもあって、全国《ぜんこく》の美容師《びようし》さんから、そんな声がとどくようになりました。赤松《あかまつ》さんは要望《ようぼう》があれば、自分のお店がお休みの日に、どこにでも、スマイルカットの講習会《こうしゅうかい》に行きます。

「うちの美容院《びよういん》には、障《しょう》がいを持《も》った子どもたちは来ていません。たぶん、近くにはいないと思います」

という美容師《びようし》さんもいますが、来ていないのではなく来られないのです。

目標《もくひょう》は、ゆかるくんやつばさくんのような子どもたちが、全国《ぜんこく》どこの美容院《びよういん》でも、スマイルカットを受《う》けられるようになることです。

そこで、赤松《あかまつ》さんは、二〇一四年四月、〈ＮＰＯ法人《ほうじん》そらいろプロジェクト京都《きょうと》〉を立ちあげました。

チャイルドカットを始《はじ》めたとき児《じ》童館《どうかん》を紹介《しょうかい》してくれ、現在《げんざい》は大学で社会福祉《ふくし》を教えている南多恵子《みなみたえこ》さんや、ピースマンの活動《かつどう》に協力《きょうりょく》してくれた人たちなど、スマイルカットの活動《かつどう》を理解《りかい》し、力になってくれる仲《なか》間《ま》が、メンバーになってくれました。

子どもが笑《わら》って、保護者《ほごしゃ》が笑《わら》って、美容師《びようし》も笑《わら》うことを目指《めざ》して、話し合いながら、色々《いろいろ》な活動《かつどう》をしています。

これまでに（二〇二四年十一月末《まつ》

〈NPO法人《ほうじん》そらいろプロジェクト京都《きょうと》〉の設立《せつりつ》イベント（2014年）で

時点）、スマイルカットの講習《こうしゅう》を受《う》けた人は、二千人以上《いじょう》にのぼります。また、「スマイルカット実施《じっし》店」として登録《とうろく》してくれた美容院《びよういん》は、全国《ぜんこく》で九十店舗《てんぽ》になりました。しかし、全国《ぜんこく》すべての県《けん》にあるわけではありません。

もちろん、登録《とうろく》をしていなくても、障《しょう》がいを持《も》った子どもたちをカットしている美容師《びようし》さんはたくさんいます。でも、全国《ぜんこく》の理美容院《りびよういん》は三十七万店舗《てんぽ》以《い》上《じょう》あります。まだまだ足りていないのが現実《げんじつ》です。

他《ほか》にも、赤松《あかまつ》さんが挑戦《ちょうせん》したことがありました。

「どうすれば、スマイルカットがもっと広がるかな？」

「絵本なら、おうちで読んでもらえるよね」

と、そらいろプロジェクトのメンバーと話し合い、今度《こんど》は、絵本を作ることにしたのです。南《みなみ》さんの紹介《しょうかい》で、本を出版《しゅっぱん》してくれる出版社《しゅっぱんしゃ》も見つかりました。

絵本のイラストはもちろん、友だちの多田《ただ》さんにたのむことにしました。

一さつ目の『ピースマンのチョキチョキなんてこわくない！』は、二〇一六年に出版《しゅっぱん》されました。

戦隊《せんたい》ヒーローのピースマンが、髪《かみ》を切らない子どもに悪《わる》さをするボーサボーサを、やっつけてくれるお話です。学生たちと楽しく活動《かつどう》した、あの戦隊《せんたい》ヒーローショーを、絵本の世界《せかい》でさらに広げました。

二さつ目は、『ピースマンのまほうのハサミ』です。

わかい美容師《びようし》のななちゃんが、

（なんで、この子は髪《かみ》の毛が切れないんだろう）

となやんでいるところから始《はじ》まります。

発刊《はっかん》された二〇二〇年は、ゆかるくんやつばさくんのスマイルカットが始《はじ》まってから、ちょうど十年の節目《ふしめ》の年でした。赤松《あかまつ》さんは、かつての自分をふり返《かえ》りながら、少しずつ子どもたちの心によりそい、学んできたことを絵本にこめました。

絵カードも紹介《しょうかい》されているので、美容師《びようし》さんが実際《じっさい》に子どもたちに関《かか》わるときに、きっと役《やく》に立つはずです。

二さつ目の本を出すときには、シンガーソングライターの宮沢和史《みやざわかずふみ》さんに、本に巻《ま》く帯《おび》のコメントをたのみました。赤松《あかまつ》さんは中学生のころから宮沢《みやざわ》さんの大ファンで、これまで、宮沢《みやざわ》さんが書いた歌詞《かし》に、たくさんの勇気《ゆうき》をもらいはげまされてきたからです。すると、宮沢《みやざわ》さんはよろこんで引き受《う》け、赤松《あかまつ》さんが十年以上《いじょう》も続《つづ》けてきた活動《かつどう》を、この二行にまとめてくれました。

〈自分と他人《ひと》との違《ちが》いを楽しむことができたら

世界《せかい》はもっとつながるのに…〉

赤松《あかまつ》さんは自分がやりたいことを、宮沢《みやざわ》さんがわかってくれたと感《かん》じました。それだけでもうれしかったのに、宮沢《みやざわ》さんは、

「赤松《あかまつ》さんの活動《かつどう》、なかなかできるものではありません。背負《せお》いこみすぎず、楽しく続《つづ》けてください。応援《おうえん》しています」

赤松《あかまつ》さんが書いた２さつの絵本。絵は多田《ただ》さんが担当《たんとう》している。
『ピースマンのまほうのはさみ』の帯《おび》には、宮沢《みやざわ》さんが考えてくれたコメントが入っている

〈えほんらいぶ〉の様子《ようす》。みんな集中《しゅうちゅう》して赤松《あかまつ》さんの話を聞いている

と、エールを送《おく》ってくれました。

それまで一生懸命活動《いっしょうけんめいかつどう》してきた赤松《あかまつ》さんにとって、ごほうびのような出来《でき》事《ごと》でした。

二さつ目の絵本ができあがると、赤松《あかまつ》さんは〈えほんらいぶ〉を始《はじ》めました。児童館《じどうかん》や保育園《ほいくえん》、幼稚園《ようちえん》などへ、積極的《せっきょくてき》に読み聞かせに出かけています。

多田《ただ》さんが作った動画《どうが》をプロジェクターでうつすと、絵本のキャラクターが動《うご》くので、子どもたちが大よろこび！　ピースマンの歌を赤松《あかまつ》さんが歌い、多《た》田《だ》さんと子どもたちがピースマンの絵を描《か》く時間もあり、赤松《あかまつ》さんにとっても、子どもたちとふれ合う楽しいひとときです。

児童館《じどうかん》の部屋《へや》で、たったふたりから始《はじ》まったスマイルカットでしたが、赤松《あかまつ》さんのスマイルカットを受《う》けた子どもたちの数は年々ふえ続《つづ》け、のべ八〇九五人（二〇二四年十一月末《まつ》時点）にのぼります。

赤松《あかまつ》さんは、そこでハッとしました。

（そういえば、スマイルカットの活動《かつどう》を始《はじ》めてから、お店に来る小さな子どもたちにも、泣《な》かれなくなったなぁ）

自分のお店を始《はじ》めたときには、美容院《びよういん》にやってきた子どもたちを泣《な》かせてしまうことがありました。

それが今、ほとんど泣《な》かれなくなったのです。泣《な》かれても、泣《な》く理由《りゆう》がわかるようになったので、ちゃんと対応《たいおう》することができ、最後《さいご》はニコニコでハイタッチをして帰ってもらえるようになりました。

スマイルカットは障《しょう》がいのあるなしに関係《かんけい》なく、どの子どもにとっても、笑《え》顔《がお》でヘアカットできる方法《ほうほう》だったのです。

だれひとりとして同じ子どもはいません。そんな、たくさんの子どもたちとの出会いの中から、赤松《あかまつ》さんが学んだことはたくさんありますが、その中でも特《とく》に伝《つた》えたいメッセージがふたつあります。

ひとつは、その子によって「歩幅《ほはば》」がちがうということ。他《ほか》の子とくらべないで、自分のペースで歩むことが大切だということです。

もうひとつは、障《しょう》がいを持《も》っている子は「こまった子」ではなく、「こまっている子」だということです。

次《つぎ》の章《しょう》から、このメッセージについてお話ししていきましょう。

7

それぞれの歩幅《ほはば》で一歩ずつ

――えぬくん、自宅《じたく》から美容院《びよういん》へのチャレンジ！――

二〇二二年、赤松《あかまつ》さんのところに登録者数《とうろくしゃすう》が十万人をこえるユーチューブチャンネル〈えぬくんちゃんねる〉の、通称《つうしょう》〈えぬくんママ〉から、出演依頼《しゅつえんいらい》がありました。

えぬくんちゃんねるでは、えぬくんママが発達障《はったつしょう》がいのある息子《むすこ》のえぬくん（当時五歳《さい》）との日々の生活を、ユーチューブに上げています。大変《たいへん》なこともあるけれど、それを悲観《ひかん》するのではなく、楽しく明るく発信《はっしん》しています。

依頼《いらい》は、えぬくんの髪《かみ》を赤松《あかまつ》さんに切ってもらい、その様子《ようす》をユーチューブに上げたいという内容《ないよう》でした。ユーチューブの撮影《さつえい》は、赤松《あかまつ》さんの負担《ふたん》を考えて一回きりだといいます。

これまでのカットの様子《ようす》をユーチューブで見ると、カットをする間、えぬくんママと美容院《びよういん》のスタッフふたりで、動《うご》き回るえぬくんがけがをしないように、おさえていました。えぬくんは、いやがって大泣《な》きしています。

（えぬくんは、髪《かみ》の毛を切ることが大きらいになっているにちがいない。これは、こまったことになったぞ）

赤松《あかまつ》さんは魔法使《まほうつか》いではありません。一回でヘアカットができるようになるのはむずかしいでしょう。依頼《いらい》をことわろうとも思いましたが、まずはえぬくんママの話を聞くことにしました。

えぬくんとえぬくんママ

するとと、えぬくんママがいいました。

「本当にえぬのヘアカットにこまっていて、この子が、カットできるようになるのが目標《もくひょう》なんです」

えぬくんママは、これまでのヘアカットの様子《ようす》を話し出しました。

「三歳《さい》ぐらいまでは、アイスクリームを食べさせたり、ユーチューブを見せたりしながら、なんとか自宅《じたく》でカットしていました。パパやおばあちゃんなど大人三人がかりで切っていたんです。だけど、えぬはこわかったみたいで、大泣《な》きして切れなくなってしまったんです」

子どもがぐっすりねむったときに、そうっと切ればいいとアドバイスしてくれる人もいましたが、えぬくんには睡眠障《すいみんしょう》がいもあり、ねむりが浅《あさ》いので、すぐに起《お》きてしまいます。

「えぬが四歳《さい》になると、友だちの美容師《びようし》さんにカットをたのむようになったんですけど、美容師《びようし》さんにすごくめいわくをかけてしまうんです。えぬだけでなく、美容師《びようし》さんにもこわい思いをさせて、申《もう》しわけない気持《きも》ちでいっぱいになりました。ことわられたわけではなく、わたし自身《じしん》が、もう行けないなと思ったんです」

するどいハサミで、えぬくんの顔をきずつけてしまっては大変《たいへん》です。また、えぬくんが突然《とつぜん》あばれたら、美容師《びようし》さんもけがをする危《き》険性《けんせい》がありました。

えぬくんママは、発達障《はったつしょう》がいのある子の実情《じつじょう》をありのままに知ってもらいたいと思って、カットの

様子《ようす》を配信《はいしん》しましたが、たくさんよせられたコメントの中には、心ないものもありました。

「坊主頭《ぼうずあたま》にしたら、いいんじゃないの」

「髪《かみ》の毛が切れないのなら、おしゃれは無理《むり》だね」

コメントを読んだえぬくんママは、落《お》ちこみました。

（障《しょう》がいを持《も》っている子は、おしゃれをあきらめなあかんの……）

そんなとき、インターネットで調《しら》べると、真《ま》っ先に出てきたのが、赤松《あかまつ》さんだったのです。

えぬくんママの思いを聞いて、赤松《あかまつ》さんはいいました。

「じゃあ、やりましょう！　だけど一回だけじゃなく、二回、三回、と何回かとってもらえませんか？　えぬくんが成長《せいちょう》していく記録《きろく》として配信《はいしん》してほしいんです」

しかし、えぬくんがいきなり美容院《びよういん》でスマイルカットをするのは、とてもむずかしいことです。

「まずはおうちでやりましょうか？」

「えっ！　いいんですか！　ありがとうございます！」

赤松《あかまつ》さんの申《もう》し出に、えぬくんママがうれしそうにお礼《れい》をいいました。

今回のスマイルカットは、えぬくんの自宅《じたく》からスタートです。


ピンポーン！

赤松《あかまつ》さんがインターホンをおすと、出むかえてくれたのは、えぬくん。

赤松《あかまつ》さんは満面《まんめん》の笑《え》みで、「こんにちは～」と、あいさつをしました。両手《りょうて》を差《さ》し出すと、えぬくんはおそるおそる、赤松《あかまつ》さんにタッチしてくれました。

しかし、けいかいして、なかなか目を合わせてくれません。

そこで、赤松《あかまつ》さんは部屋《へや》に入ると、えぬくんといっしょにゲームを始《はじ》めました。しばらく遊《あそ》ぶと少し緊張《きんちょう》がとけてきたのか、えぬくんが楽しそうに笑《わら》い出しました。

ソファーにすわったえぬくんのとなりに、赤松《あかまつ》さんもすわります。ヘアカットに対《たい》して、どのくらい恐怖心《きょうふしん》があるのか、順番《じゅんばん》にたしかめることにしました。

まずは、右手の人差《ひとさ》し指《ゆび》と中指《なかゆび》でじゃんけんのチョキの形を作り、ハサミに見立てます。その指《ゆび》バサミで、えぬくんの髪《かみ》の毛にやさしくふれます。

「チョキ　チョキ　チョキ」

（なにをされるのかな？）

えぬくんが、ちらちら赤松《あかまつ》さんを見ています。けれども、さわいだり泣《な》き出したりはしません。赤松《あかまつ》さんはポケットから、くしを取《と》り出しました。

「三回だけ、髪《かみ》の毛にくしを通すよ」

じっと、えぬくんが、くしを見ています。

「一、二、三」

くしを通しても、だいじょうぶです。

「えらかったね」

赤松《あかまつ》さんが笑顔《えがお》でほめました。

そこで赤松《あかまつ》さんは、次《つぎ》のステップにうつり、ドライヤーを取《と》り出しました。

えぬくんは、両手《りょうて》で髪《かみ》の毛をかきむしっています。このとき、赤松《あかまつ》さんは知りませんでしたが、えぬくんは不安《ふあん》なことがあると、髪《かみ》をかきむしるくせがあったのです。

赤松《あかまつ》さんからにげるように、えぬくんが、さっきまで遊《あそ》んでいたゲームのところに行きました。赤松《あかまつ》さんはそばに行くと、もう一度《いちど》、いっしょに遊《あそ》ぶことにしました。

えぬくんが落《お》ち着《つ》いてくると、赤松《あかまつ》さんは、またくしを取《と》り出しました。

「一、二、三」

髪《かみ》の毛をさわっても、気にせずゲームをしています。

「えらい、えらい」

赤松《あかまつ》さんは次《つぎ》に、かばんの中からハサミを取《と》り出しました。すると、えぬくんは、急《きゅう》に顔をしかめました。きっと、今まで髪《かみ》の毛を切るときに、いやだったことを思い出したのでしょう。

けれども、指《ゆび》バサミではなく、本物《ほんもの》のハサミが使《つか》えなくては、ヘアカットはできません。赤松《あかまつ》さんは、

「髪《かみ》の毛を切っても、ちっともいたくないからね」

といって、少しだけえぬくんの髪《かみ》を手に取《と》り、いっしゅん髪《かみ》の毛にハサミを入れました。パラパラと、髪《かみ》の毛が落《お》ちます。

「ほらね」

えぬくんが、ふしぎそうに赤松《あかまつ》さんを見ています。

「もう一回、やってみるよ」

「いーち」チョキ。

「にーい」チョキ。

「さーん」チョキン。

「すごい！　できたやん」

　えぬくんもにっこり笑《わら》います。どうやらえぬくんは、赤松《あかまつ》さんなら、本当のハサミを使《つか》って髪《かみ》の毛を切ってもいたくないことを、わかってくれたようです。赤松《あかまつ》さんが手早く、数回ヘアカットをくり返《かえ》すと、えぬくんののびた髪《かみ》の毛がスッキリしました。

「初《はじ》めてのヘアカットで、まさか、これだけできるとは思ってもみませんでした！」

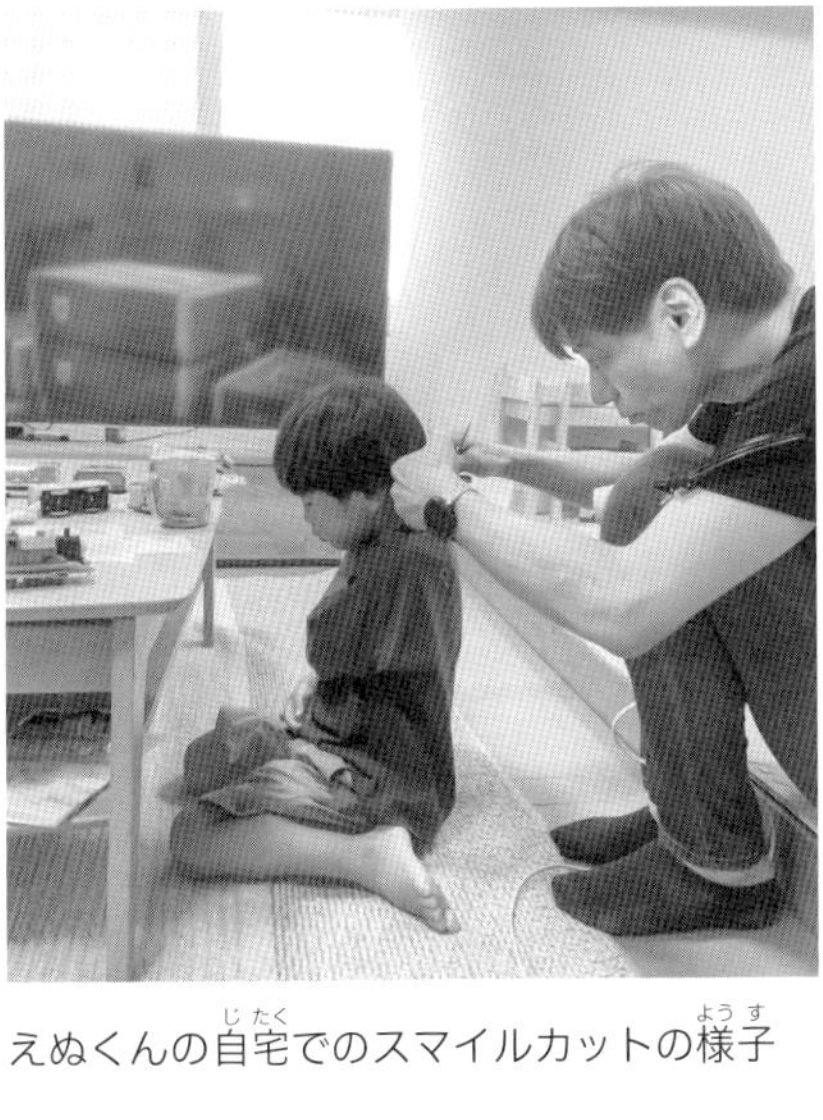
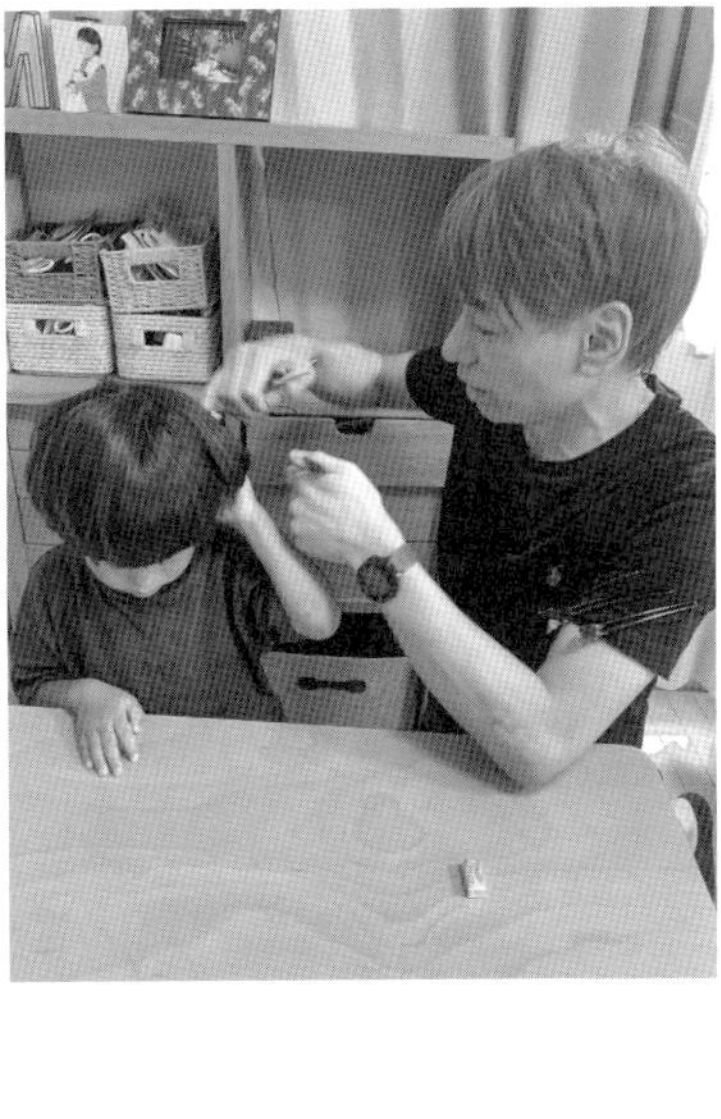

えぬくんの自宅《じたく》でのスマイルカットの様子《ようす》

えぬくんママは、うれしそうにいいました。

それから二カ月後、自宅《じたく》で二回目のスマイルカットです。

赤松《あかまつ》さんがニコニコの笑顔《えがお》で、えぬくんの家をおとずれました。

家の中に入ると、赤松《あかまつ》さんは、ゲームでえぬくんとのきょりをちぢめます。

さらに、テレビ画面《がめん》でユーチューブを見始《みはじ》めたえぬくんに、声をかけました。

「チョキチョキ、しようか」

えぬくんは、にげたりさわいだりせずに、ずっとユーチューブを見ていますが、時々《ときどき》、赤松《あかまつ》さんをちらっと見て気にしています。

「今日はがんばって、十まで数えてみようね」

えぬくんは、赤松《あかまつ》さんがハサミを取《と》り出してもにげません。

「一、二、三……」

えぬくんは、じっとユーチューブを見たままで動《うご》きません。

「四、五、六」

数をゆっくり数える赤松《あかまつ》さん。

「すごい、すごい！」

そばにいたえぬくんママが、えぬくんをはげまします。

「七、八、九、十！」

「よし、できた！」

赤松《あかまつ》さんがにっこり笑《わら》って、えぬくんをほめました。

えぬくんママも、思わず拍手《はくしゅ》しています。えぬくんも、とってもうれしそうです。カットクロスをしていないので、えぬくんの肩《かた》に切った髪《かみ》の毛が落《お》ちています。

「風で髪《かみ》の毛を飛《と》ばすと、チクチクしないよ」

赤松《あかまつ》さんがそういって、ドライヤーを見せると、えぬくんはドライヤーに、興味《きょうみ》を持《も》ったようです。

赤松《あかまつ》さんは、えぬくんの様子《ようす》をよく見ながら、ドライヤーのスイッチを入れて、洋服《ようふく》についた髪《かみ》の毛を風ではらいました。えぬくんは、気持《きも》ちよさそうに目を細めています。

そこで、えぬくんママがドライヤーの風を当てながら、カットすることにしました。

「じゃあ、十まで数えるよ」

えぬくんは、それから何度《なんど》も、十を数える間、赤松《あかまつ》さんにカットをさせてくれたのです。

赤松《あかまつ》さんもえぬくんママも、大き

な拍手《はくしゅ》を送《おく》ります。これまで、大人が何人もかかってカットしていたのが、うそのようです。

三回目も落《お》ち着《つ》いて、自宅《じたく》でスマイルカットすることができたので、次《つぎ》はいよいよ美容院《びよういん》デビューをすることになりました。

美容院《びよういん》デビューの日。

「今日は、赤松《あかまつ》さんのお店で、チョキチョキするんやで」

えぬくんママはドキドキしていましたが、えぬくんは全《まった》くいやがりません。練習《れんしゅう》のために、車の中で、これまでカットしてもらったときの動画《どうが》をえぬくんに見せながら、お店に向《む》かいます。

「えぬくん、こんにちは。おひさしぶり」

赤松《あかまつ》さんがドアを開《あ》けて声をかけると、えぬくんはすんなりとお店に入りました。ひと通りお店の中をたんけんします。

じっとしているのがきらいなえぬくんは、やはりイスにはすわろうとしませ
ん。立ったまま、ＤＶＤを見ています。

赤松《あかまつ》さんは、そのままスマイルカットを始《はじ》めることにしました。今日は環《かん》
境《きょう》が変《か》わったので、無理《むり》をせず「五」まで数えます。

すっかり大好《だいす》きになったドライヤーをかけてもらいながらカットすると、え
ぬくんが「おうーっ」と、気持《きも》ちよさそうに声を上げました。

「一、二、三、四、五。できた！」

えぬくんもいっしょに、うれしそうに拍手《はくしゅ》しています。

「じょうず、じょうずや」

赤松《あかまつ》さんが笑顔《えがお》でいいました。

何度《なんど》も五までの数をくり返《かえ》します。

すると、えぬくんもいっしょに数を数え始《はじ》めたではありませんか！

「いぃー、あー、さーん」

「すごーい！」

　えぬくんママもびっくりです。

「すてきな笑顔《えがお》やなぁ」

　思わず、赤松《あかまつ》さんの口からこぼれました。あまりにも順調《じゅんちょう》だったので、赤松《あかまつ》さんは考えました。

（今日は、あれ、やってみようかな）

　以前《いぜん》、えぬくんママから髪型《かみがた》について希望《きぼう》を聞いていたのです。

「実《じつ》はね、赤松《あかまつ》さん。わたし、えぬにツーブロックにしてみてほしいんです」

　ツーブロックというのは、えり足や耳周《まわ》りをかりあげる人気の髪型《かみがた》です。しかし、えぬくんはバリカンも使《つか》えないし、動《うご》き回るので、とても無理《むり》だと、これまでえぬくんママはあきらめていました。

　ところが、そのとき、赤松《あかまつ》さんは、

「わかりました。えぬくんがだいじょうぶそうやったら、ハサミだけでもやってみますよ。いつか、実現《じつげん》させましょうね」

と、えぬくんママの気持《きも》ちを受《う》け入れてくれたのでした。

(赤松《あかまつ》さんは、親の味方《みかた》や。やさしい人やなぁ)

最初《さいしょ》は短《みじか》く切ってくれるだけで十分と思っていたえぬくんママですが、障《しょう》がいがあるからといって、がまんしたり、あきらめたりしなくてもいいと、赤松《あかまつ》さんが教えてくれたのです。

「えぬくん、今日は絶好調《ぜっこうちょう》やね。ツーブロックにしてみる?」

「えっ、ほんま!」

えぬくんママの顔が、ぱっと明るくなりました。

赤松《あかまつ》さんのおくさんで、同じ美容師《びようし》の由香梨《ゆかり》さんもサポートに入り、協力《きょうりょく》しながらカットを進《すす》めます。えぬくんはヘアクリップが苦手《にがて》なので、由香梨《ゆかり》さんが手で髪《かみ》をおさえて、赤松《あかまつ》さんが切ります。

そうしてえぬくんは、かっこいいツーブロックにすることができました。

「ほんますごいわ。えぬくんの成長《せいちょう》やね」と赤松《あかまつ》さん。

「めっちゃ、がんばったね」

えぬくんママも大満足《まんぞく》です。

「イエーイ！」

えぬくんもご機嫌《きげん》で、両手《りょうて》を高く上げてピースサインをしています。

えぬくんもえぬくんママも、そして赤松《あかまつ》さんも最高《さいこう》の笑顔《えがお》です。

こうして、えぬくんは苦手《にがて》だったヘアカットを、克服《こくふく》することができました。


子どもたちには、その子それぞれの歩幅《ほはば》があります。歩幅《ほはば》を大事《だいじ》にするということは、小さなゴールをたくさん作ることです。小さなゴールで積《つ》み重《かさ》ねた達成感《たっせいかん》が自信《じしん》につながり、それによって、がんばる気持《きも》ちがわいてきます。

赤松《あかまつ》さんは、初対面《しょたいめん》の子どもを目の前にすると、いつも思います。

（この子に合った歩幅《ほはば》は、どんなんだろう）

お父さんやお母さんといっしょに考えます。決《けっ》してあきらめません。
これまで関《かか》わってきた、たくさんの子どもたちの顔がうかびます。
『少しずつ、あせらずに進《すす》んでいけば、どの子も必《かなら》ず、できることがふえていくんだ』
そう確信《かくしん》しているのです。

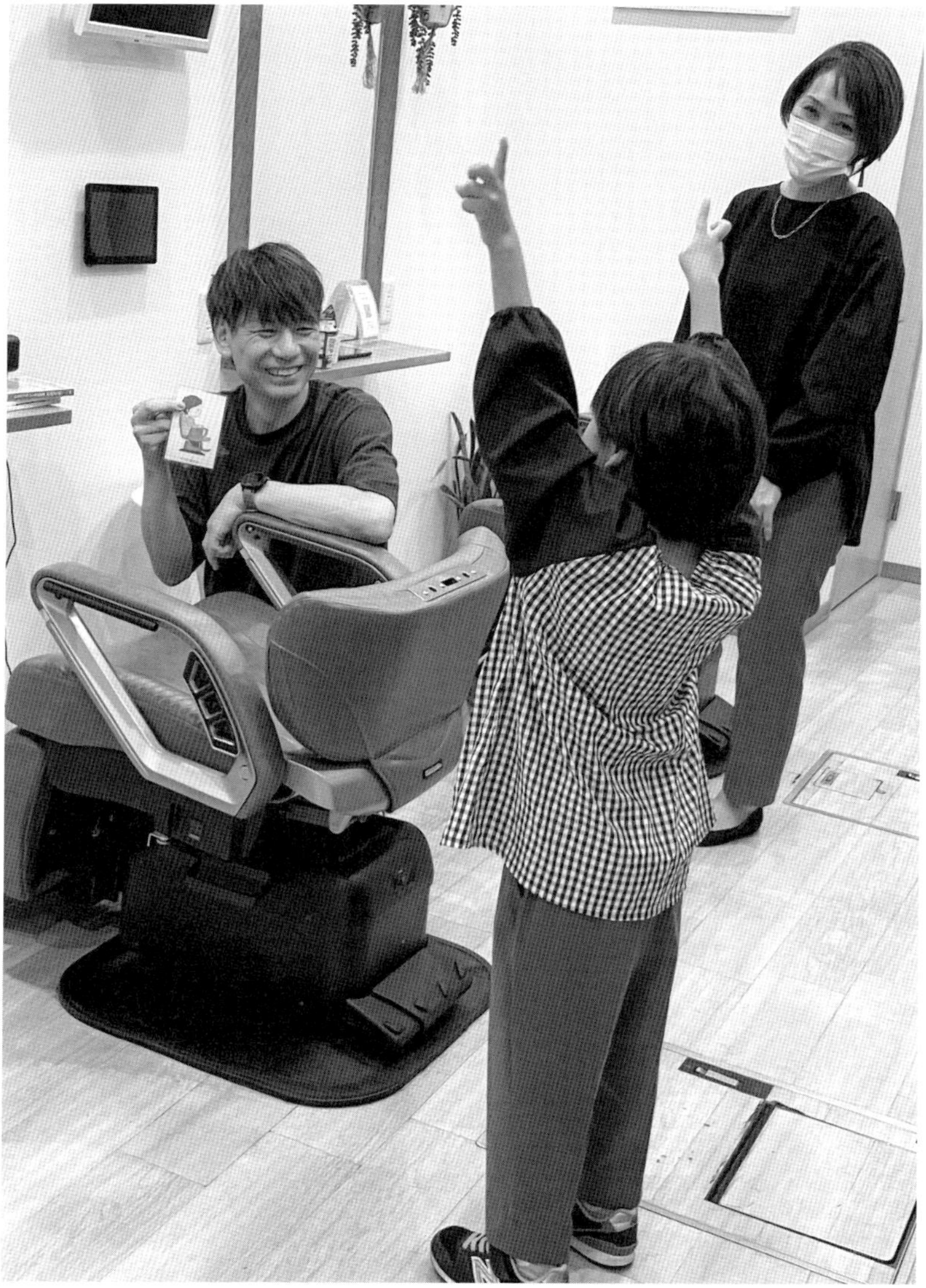

8

「こまった子」ではなく「こまっている子」

――陽仁《はるひと》くんからのメッセージ――

最後《さいご》に紹介《しょうかい》するのは、神戸《こうべ》から通っている陽仁《はるひと》くんです。特別支援学校《とくべつしえんがっこう》の中学一年生で、赤松《あかまつ》さんの美容院《びよういん》には、幼稚園《ようちえん》の年中（五歳《さい》）のときから通っているので、もう八年になります。

自閉《じへい》スペクトラム症《しょう》の陽仁《はるひと》くんは、聴覚《ちょうかく》などの感覚《かんかく》が過敏《かびん》で、言葉《ことば》の発達《はったつ》がおそかったこともあり、小さいころはパニックを起《お》こしたり、泣《な》いたりすることでしか、自分の気持《きも》ちを伝《つた》えることができませんでした。

陽仁《はるひと》くん

ハサミで髪《かみ》を切る音。切った髪《かみ》の毛がパラッと落《お》ちる感覚《かんかく》。それは、陽仁《はるひと》くんにとって恐怖《きょうふ》そのものでした。だから、お母さんは陽仁《はるひと》くんがねむっているときに、陽仁《はるひと》くんが起《お》きないようにそっと髪《かみ》の毛を切っていたのです。

しかし、丁度《ちょうど》そのころ、お母さんのおなかに赤ちゃんができました。日ごとにおなかが大きくなり、陽仁《はるひと》くんの髪《かみ》を切ることがむずかしくなりました。

そこで、思い切って近くにある美容院《びよういん》に連《つ》れていくことにしました。ところが、陽仁《はるひと》くんがパニック状態《じょうたい》になり、美容師《びようし》さんがおこってしまったのです。

「こんな子初《はじ》めてや！　こんなふうになったら切れません。もっとしっかりとこの子に説明《せつめい》しといてくれんと。早くお母さんもおさえてちょうだい！　ほんまに、こまった子や！」

この美容師《びようし》さんにとって、陽仁《はるひと》くんは「こまった子」だったのです。

陽仁《はるひと》くんの顔は、切った髪《かみ》の毛があせとなみだでぐしゃぐしゃになり、毛まみれでした。そんな陽仁《はるひと》くんの顔を見て、お母さんも泣《な》いてしまいました。

それ以来《いらい》、お母さんが前髪《まえがみ》を切ろうとしただけで、ガタガタガタッと恐怖《きょうふ》で全身《ぜんしん》がふるえ、パニック状態《じょうたい》になるようになってしまいました。ふるえている陽仁《はるひと》くんを見て、お母さんは悲《かな》しくなり、またふたりで泣《な》きました。

そんなときに出会ったのが、赤松《あかまつ》さんでした。インターネットで知ってから、勇気《ゆうき》を出して電話をかけるまでに、二カ月かかりました。

赤松《あかまつ》さんは電話で、お母さんが話す陽仁《はるひと》くんのこれまでの様子《ようす》をていねいに聞いてくれました。

「最初《さいしょ》は、ドライヤーのスイッチを入れただけでも、泣《な》き出していました。だけど、少しずつ練習《れんしゅう》して、最近《さいきん》ではがまんしながら、かわかせるようになりました」

すると、赤松《あかまつ》さんがいいました。

「陽仁《はるひと》くんは、ものすごくがんばりやさんのお子さんですね」

音に過敏《かびん》な陽仁《はるひと》くんがドライヤーを使《つか》えるようになるまでには、毎日、三分、五分と少しずつ時間をのばしながら、練習《れんしゅう》してきたのです。

（陽仁《はるひと》のがんばりをみとめてくれたのは、赤松《あかまつ》さんが初《はじ》めてや）

お母さんは思わず胸《むね》が熱《あつ》くなり、知らず知らずのうちになみだがこみあげてきました。

その日の夜、お母さんはうれしくて、さっそく陽仁《はるひと》くんに話しました。

「赤松《あかまつ》さんが、陽仁《はるひと》のこと、ほめとったよ」

「ほんま？」

「音が苦手《にがて》やのにドライヤーが使《つか》えるなんて、がんばったんやなぁって」

陽仁《はるひと》くんがうれしそうに目を細めています。

美容院《びよういん》の予約《よやく》を取《と》ると、さっそくホームページで、お店の中や、赤松《あかまつ》さんの写真《しゃしん》を陽仁《はるひと》くんに見せました。初《はじ》めておとずれた場所《ばしょ》でも緊張《きんちょう》しないように、練習《れんしゅう》しておくのです。

陽仁《はるひと》くんの自宅《じたく》から赤松《あかまつ》さんの美容院《びよういん》まで、電車で約《やく》一時間。ようやく、ここまで来ました。

「最初《さいしょ》から、いきなりカットするのはむずかしいかもしれませんね。だけど、だいじょうぶ。少しずつステップをふんで進《すす》めていきましょう」

赤松《あかまつ》さんからそう聞いていたので、お母さんも全《まった》く期待《きたい》していませんでした。

ところが、陽仁《はるひと》くんは、そのお母さんや赤松《あかまつ》さんの予想《よそう》に反《はん》して、すんなりと美容院《びよういん》に入っていきました。

「ここ、赤松《あかまつ》さんのおみせ」

写真《しゃしん》で見た赤松《あかまつ》さんが、ニコニコした顔で出むかえてくれました。

「陽仁《はるひと》くん、こんにちは」

はずかしそうに、陽仁《はるひと》くんも少しだけ頭を下げました。

「まず、お友だちになろうよ」

赤松《あかまつ》さんは、やさしく陽仁《はるひと》くんに話しかけました。

「髪《かみ》の毛を切ることって、全然《ぜんぜん》こわくないねんで」

赤松《あかまつ》さんは陽仁《はるひと》くんの前で自分の前髪《まえがみ》を少し切って見せ、イスにすわれた陽《はる》仁《ひと》くんをたくさんほめました。見通しが立つように絵カードで説明《せつめい》をすると、すっかり安心《あんしん》したようです。

タイマーで十分、セットします。陽仁《はるひと》くんは、緊張《きんちょう》して目をパチパチさせていましたが、一度《いちど》も大きな声を出したり動《うご》き回ったりすることはありませんでした。

「すごいやん。よう、がんばったな」

赤松《あかまつ》さんはカットが終《お》わると、そのがんばりをみとめて、陽仁《はるひと》くんを力いっぱいほめました。陽仁《はるひと》くんも、お母さんも、うれしくて仕方《しかた》がありません。

他《ほか》の子が当たり前にできることでも、陽仁《はるひと》くんは、ものすごくがんばってできるようになったのです。

しかしそれが、なかなかわかってもらえないこともあります。

陽仁《はるひと》くんが小学生になるころには、パニックを起《お》こしにくくなったので、地《ち》域《いき》の小学校に通うことになりました。陽仁《はるひと》くんは学校ではとても緊張《きんちょう》していましたが、いつもじっとがまんして、だまってすわっていました。

けれども、どうしてもがまんできないのは、学校行事《ぎょうじ》です。いつもとちがう日は、とても不安《ふあん》になります。

陽仁《はるひと》くんが小学三年生のときのことです。運動会《うんどうかい》が近づき、学年全体《ぜんたい》でおどりの練習《れんしゅう》が始《はじ》まると、体育館《たいいくかん》じゅうに大きな音楽が鳴りひびきました。

人の何倍《ばい》も音に敏感《びんかん》な陽仁《はるひと》くん。音がせまってくるように感《かん》じます。まるで自分をこうげきしてくるかのようです。かけっこのスタートの合図である鉄砲《てっぽう》の音は、まるで凶器《きょうき》のようでした。

がまんし続《つづ》けた陽仁《はるひと》くんでしたが、とうとうたえられなくなり、おどりの練《れん》習《しゅう》中に両手《りょうて》で耳をふさぎ、その場にうずくまってしまいました。とても、練《れん》習《しゅう》どころではありません。

「もう学校に、行きたくない」

陽仁《はるひと》くんは、泣《な》きながらお母さんにうったえました。

お母さんは担任《たんにん》の先生に相談《そうだん》しに行きました。

「陽仁《はるひと》は他《ほか》の子より聴覚《ちょうかく》が過敏《かびん》で、大きな音をこわがって学校に行けないんです。せめて、イヤーマフだけでも使《つか》わせていただけませんか？」

イヤーマフとは、イヤホンやヘッドホンのような形をしたもので、それを着《つ》けると、周《まわ》りの音が小さく聞こえるようになります。

お母さんがいうと、担任《たんにん》の先生がこまった顔をしていいました。

「ひとりだけ、特別《とくべつ》なことをみとめるわけにはいかないんです」

(足が不自由《ふじゆう》だったら、松葉《まつば》づえや車いすを使《つか》うのに、音に過敏《かびん》な陽仁《はるひと》がイヤーマフを着《つ》けることは、そんなに特別《とくべつ》なことなの？)

お母さんはモヤモヤとした気持《きも》ちをかかえながら、がっくりと肩《かた》を落《お》として、家に帰りました。

陽仁《はるひと》くんは、運動会《うんどうかい》が終《お》わっても、そのまま学校に行くことができなくなりました。陽仁《はるひと》くんにとって、学校は自分の身《み》を守《まも》れる場所《ばしょ》ではなくなってしまったのです。

お母さんは陽仁《はるひと》くんと話し合って、小学四年生のときに特別支援学校《とくべつしえんがっこう》に転校《てんこう》することに決《き》めました。特別支援学校《とくべつしえんがっこう》では先生の数も多く、陽仁《はるひと》くんの話をじっくり聞いて、ていねいに対応《たいおう》してくれています。そのおかげで、陽仁《はるひと》くんは次第《しだい》に元気を取《と》りもどしていきました。


六年生になった陽仁《はるひと》くん。赤松《あかまつ》さんの美容院《びよういん》に行く日は、陽仁《はるひと》くんもお母さんもうれしい気持《きも》ちになれます。

「明日は、赤松《あかまつ》さんのところに行くよ」

「やったぁ」

陽仁《はるひと》くんは楽しそうに、つくえの上で絵を描《か》き始《はじ》めました。

「赤松《あかまつ》さんは、子どもを守《まも》ってくれる地蔵菩薩《じぞうぼさつ》さまや」

陽仁《はるひと》くんは、仏像《ぶつぞう》の絵を描《か》くのが得意《とくい》です。

小さいときから仏像《ぶつぞう》が大好《だいす》きで、京都《きょうと》や奈良《なら》に遊《あそ》びに行っていました。

「明日、赤松《あかまつ》さんにあげるねん」

描《か》いた絵は二枚《まい》。大切にリュックにしまいました。

予約《よやく》の時間に、陽仁《はるひと》くんとお母さんが赤松《あかまつ》さんのお店に入ってきました。

「こんにちは」

「陽仁《はるひと》くん、いらっしゃい」

赤松《あかまつ》さんが、ニコニコの笑顔《えがお》で、陽仁《はるひと》くんを出むかえます。

陽仁《はるひと》くんは、カットの前に、ＤＶＤやマンガの本がならんだコーナーに行くと、お気に入りのＤＶＤをさがします。選《えら》んだのはドラえもん。陽仁《はるひと》くんはドラえもんが大好《だいす》きで、着《き》ているＴシャツにもドラえもんのイラストが描《か》いてあります。

「じゃあ、イスにすわろうか」

入口に一番近い席《せき》に、陽仁《はるひと》くんがすわりました。

今回、陽仁《はるひと》くんは赤松《あかまつ》さんに、初《はじ》めてヘアスタイルのリクエストをすることにしました。大好《だいす》きな赤松《あかまつ》さんと同じツーブロックです。赤松《あかまつ》さんは、髪《かみ》の色は少し明るい茶色でさっぱりと短《みじか》くしていて、いつも会うたびに、（かっこええな）と思っていたのでした。

けれども、ツーブロックは、普通《ふつう》バリカンを使《つか》わなくてはできません。

陽仁《はるひと》くんは勇気《ゆうき》を出していいました。

「赤松《あかまつ》さんと同じかっこいい髪型《かみがた》にしたいねん。そやけど、

陽仁《はるひと》くんのスマイルカットの様子《ようす》

バリカンはあかんねん」

「わかったで。ハサミだけで、切るからね」

赤松《あかまつ》さんが笑顔《えがお》で答えると、陽仁《はるひと》くんは安心《あんしん》したように、ドラえもんのDVDを見始《みはじ》めました。

さっそく、赤松《あかまつ》さんが陽仁《はるひと》くんにカットクロスをかけました。

ホワイトボードにはりつけた絵カードは、もう必要《ひつよう》ありません。陽仁《はるひと》くんは、これからどんなことをするのか、ちゃんと見通しが立っています。

入口の待合室《まちあいしつ》で、お母さんも笑顔《えがお》で見守《みまも》ります。赤松《あかまつ》さんの美容院《びよういん》には三カ月から四カ月に一度《いちど》のペースで行きますが、ヘアカットにかけられる時間も、二十分から三十分と少しずつ長くなっています。

「今日も、がんばったね」

ヘアカットが終《お》わると、ハイタッチをしました。すると、陽仁《はるひと》くんがはずかしそうに、描《か》いてきた二枚《まい》の絵を赤松《あかまつ》さんに差《さ》し出しました。

「えっ！　陽仁《はるひと》くんが描《か》いてくれたん？」

くしゃくしゃの笑顔《えがお》で、赤松《あかまつ》さんは受《う》け取《と》りました。

絵を見ると、地蔵菩薩《じぞうぼさつ》さまが子どもの髪《かみ》をカットしています。

「これ、ぼく？」

「地蔵菩薩《じぞうぼさつ》さまは、子どもを守《まも》ってくれる仏《ほとけ》さまなんや」

髪《かみ》を切ってもらっている子どもは、陽仁《はるひと》くんです。

ふたりとも、目を細めて笑《わら》っています。ふだん、思っていてもなかなか赤松《あかまつ》さんに自分の気持《きも》ちを伝《つた》えることができない陽仁《はるひと》くんは、その思いを絵にこめて描《か》きました。

もう一枚《まい》には、地蔵菩薩《じぞうぼさつ》さまの横《よこ》にメッセージが書いてあります。

〈いつもたすけてくれて、ありがとう!!

あかまつさんだいすきです。　はるひとより〉

しっかりとした文字です。

赤松《あかまつ》さんは思わず胸《むね》が熱《あつ》くなりました。こんなにうれしいことはありません。

そんなふたりの様子《ようす》を、お母さんは笑顔《えがお》でカメラにおさめます。

「子どもが笑《わら》って、保護者《ほごしゃ》が笑《わら》って、美容師《びようし》が笑《わら》う」

スマイルカットの目標《もくひょう》がここに実現《じつげん》していることを、赤松《あかまつ》さんは、しみじみ感《かん》じました。

帰りの電車の中で、お母さんが陽仁《はるひと》くんにたずねます。

「赤松《あかまつ》さんの、どこが好《す》きなん？」

「やさしいし、ひとつひとつ、ぼくに聞いてくれるねん。ぼくはいきなり何かされたらこわいねんけど、赤松《あかまつ》さんはひとつひとつ、ぼくにやさしく聞いてくれるねん」

陽仁《はるひと》くんは、お母さんの目を見ていいました。

「そしていつも、最後《さいご》に『ありがとう』って、いってくれるねんで」

そのことが、ものすごくうれしいのだと、陽仁《はるひと》くんはいいました。

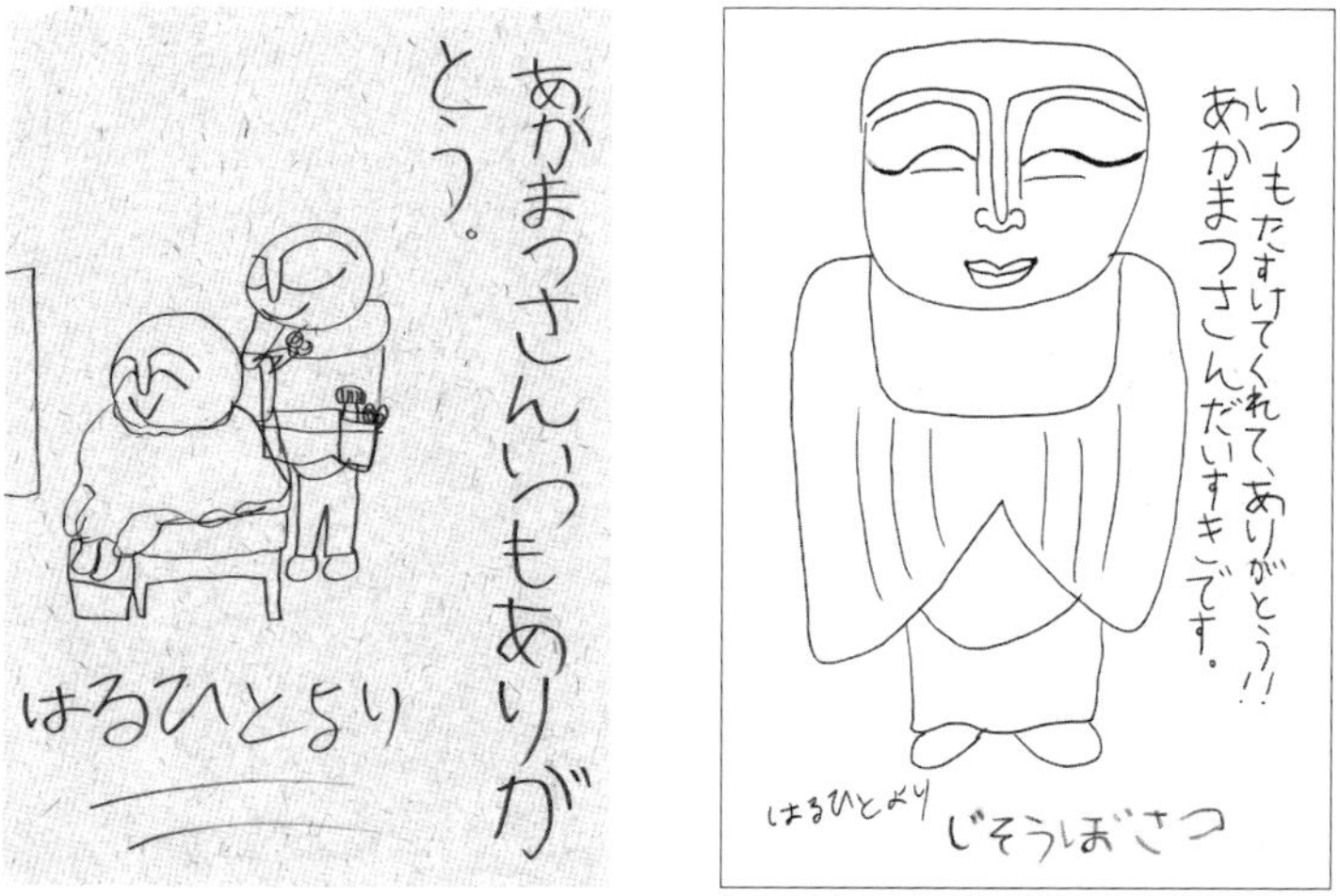

陽仁《はるひと》くんが描《か》いてくれた２枚《まい》の絵

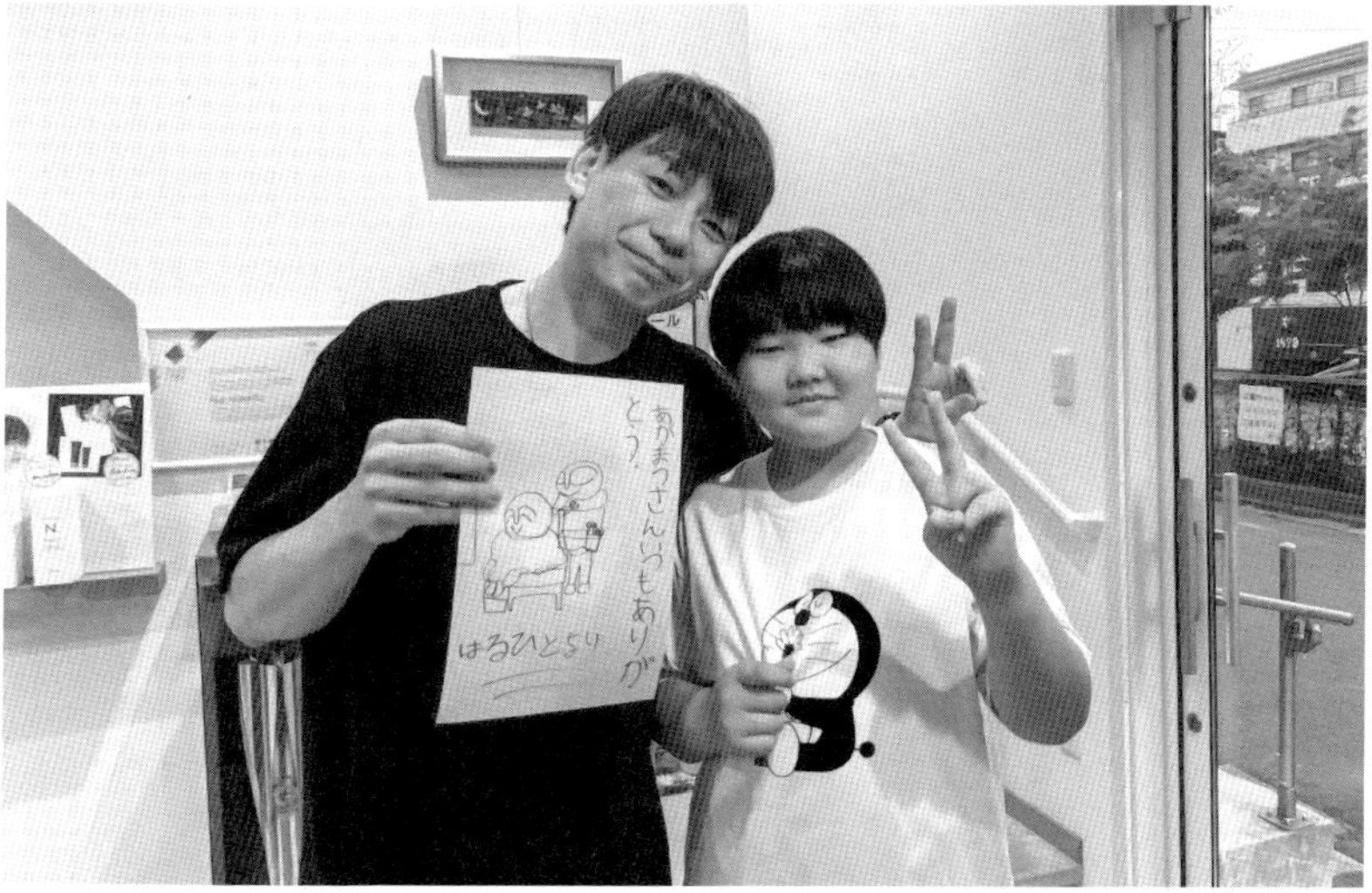

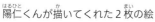

発達障《はったつしょう》がいのある子どもたちは「こまった子」ではありません。「こまっている子」です。

目の前にこまりごとがある友だちがいたら、みなさんはどうしますか？

相手《あいて》がこまっている様子《ようす》を見て、自分がとまどってしまうことがあるかもしれませんね。ときには、自分をなやませるこまった人、というふうに感《かん》じてしまうかもしれません。

でも、こんなふうに考えてみたらどうでしょう。

「○○ちゃんが、こまっていることを、どうしたら解決《かいけつ》できるのか、わたしもいっしょに考えるよ」

その子の立場になって、どんな気持《きも》ちかを想像《そうぞう》すると、解決《かいけつ》の方法《ほうほう》がだんだんわかってきます。

赤松《あかまつ》さんは、子どもたちの気持《きも》ちによりそって自分ができることを考え、それを行動《こうどう》にうつしてきました。

「ぼくは美容師《びようし》だから、髪《かみ》の毛についてこまっている子どもがいたら、『だいじょうぶだよ』といいます。そういって、その子の望《のぞ》みがかなうように、手を差《さ》しのべたいと思っています。なぜならそれは、ぼくがプロの美容師《びようし》だからです」

赤松《あかまつ》さんは今、大学院《だいがくいん》で発達障《はったつしょう》がいのある子どもたちのことを、もっとくわしく勉強《べんきょう》しています。今まで学んだり経験《けいけん》したりしたことをもとに、二〇二五年には、スマイルカットのマニュアルを完成《かんせい》させる予定《よてい》です。全国《ぜんこく》にある理美《りび》容専門学校《ようせんもんがっこう》で使《つか》う教科書に掲載《けいさい》してくれるよう、厚生労働省《こうせいろうどうしょう》にも働《はたら》きかけています。このマニュアルが教科書に掲載《けいさい》されたら、スマイルカットが一気に広まることでしょう。

赤松《あかまつ》さんの美容院《びよういん》に来たお母さんが、いいました。

「うちの子が通っている歯医者《はいしゃ》さんで、赤松《あかまつ》さんのことを話していたわ。えぬくんのスマイルカットの動画《どうが》が、とても勉強《べんきょう》になるって。歯科衛生士《しかえいせいし》さんが絵カードを取《と》り入れてくれたおかげで、歯医者《はいしゃ》さんのイスにも、すわれるようになったのよ」

お医者《いしゃ》さん、学校の先生、地域《ちいき》にはいろんな職種《しょくしゅ》のプロがいます。それぞれのプロの人たちが、「だいじょうぶだよ」と手を差《さ》しのべてくれたら、発達障《はったつしょう》がいがある子どもたちは、もっと生きやすくなるはずです。

それだけではありません。発達障《はったつしょう》がいのある子どもたちが生きやすくなるということは、すべての子どもたちが生きやすくなるということです。なぜなら、苦手《にがて》なことや、こまっていることがない子なんて、ひとりもいないからです。

子どもたちの未来《みらい》が希望《きぼう》にあふれ、笑顔《えがお》あふれるすてきな世《よ》の中を目指《めざ》して、赤松《あかまつ》さんは一歩ずつ進《すす》んでいきます。

エピローグ

二〇二三年九月。赤松《あかまつ》さんのお店にわかい青年がやってきました。

「やあ、つばちゃん、元気やったか？」

赤松《あかまつ》さんが声をかけると、その青年は笑顔《えがお》でこたえます。

お店にやってきたのは、つばさくんでした。

児童館《じどうかん》で赤松《あかまつ》さんが初《はじ》めてカットしたときには、小学二年生だったつばさくんですが、昨年《さくねん》、成人式《せいじんしき》を終《お》え、立派《りっぱ》な青年に成長《せいちょう》していました。

今でも、二、三カ月に一度《いちど》のペースで、お母さんといっしょに赤松《あかまつ》さんのお店にやってきます。けれども、カットが始《はじ》まるとお母さんは買い物《もの》に行きました。もう、カットの間はつばさくんひとりでだいじょうぶです。

つばさくんはお店の一番おくのイスにすわると、赤松《あかまつ》さんからタブレットを借《か》ります。見ているのはスポーツニュースです。

「シャンプー、するで」

赤松《あかまつ》さんが声をかけると、つばさくんは、タブレットを置《お》いて目をとじました。つばさくんは、赤松《あかまつ》さんにしてもらうシャンプーが大好《だいす》きです。

「あー、気持《きも》ちいい」

つばさくんが思わずつぶやきます。さらに、赤松《あかまつ》さんが手にしたのは顔そり用のカミソリでした。おさないころは、あれだけ児童館《じどうかん》で動《うご》き回っていたつばさくんでしたが、顔をそる間も身動《みうご》きひとつしません。

最後《さいご》に赤松《あかまつ》さんは、切ったつばさくんの髪《かみ》の毛をほうきで集《あつ》めて、はかりにのせました。

「つばちゃん、今日は二二・一グラムだけど、いい？」

いつのころからか、切った髪《かみ》の毛の重《おも》さを量《はか》って、少ないと、もっと切ってほしいとたのまれるようになったのです。

大人になったつばさくん。顔そり中も動《うご》かずに施術《せじゅつ》を受《う》けている

「はい」

数字に強いつばさくんは健在《けんざい》です。つばさくんは、満足《まんぞく》そうに大きくうなずきました。

いつもいっしょだったゆかるくんは、福祉施設《ふくししせつ》の近くにある理容室《りようしつ》でヘアカットをしています。赤松《あかまつ》さん以外《いがい》の理美容師《りびようし》さんでもだいじょうぶです。今ではバリカンを使《つか》っても平気《へいき》になりました。

「ありがとう」

さっぱりしたつばさくんは、うれしそうに鏡《かがみ》で自分のすがたをかくにんすると、赤松《あかまつ》さんにお礼《れい》をいいました。

つばさくんの顔を見ながら、赤松《あかまつ》さんはスマイルカットが誕生《たんじょう》する以前《いぜん》に、児童館《じどうかん》でつばさくんのお母さんから聞いた話を、なつかしく思い出していました。

「つばさが大人になったとき、ひとつでも、自分でできることがふえていてほしいんです。お店で髪《かみ》を切ることも、そのひとつなんです」

こうして立派《りっぱ》に成長《せいちょう》したつばさくん。お母さんの願《ねが》いがひとつかなえられたこと、そこに少しでも自分が関《かか》われたことを、赤松《あかまつ》さんはしみじみとうれしく感《かん》じました。

(ここまで続《つづ》けてこられたのも、たくさんの子どもたちや保護者《ほごしゃ》の人たちからもらった「ありがとう」の言葉《ことば》と「笑顔《えがお》」のおかげやなぁ)

赤松《あかまつ》さんがスマイルカットを始《はじ》めてから、約《やく》十三年の年月がすぎていました。スマイルカットは「笑顔《えがお》のバトン」となって、さらに全国《ぜんこく》へとつながっていくのです。

あとがき

二〇二三年十一月二十一日、わたしは京都市立竹田小学校《きょうとしりつたけだ》の体育館《たいいくかん》にいました。六年生の生徒約《せいとやく》六十名を前に、特別授業《とくべつじゅぎょう》をしているのは「赤松先生《あかまつ》」。

一日だけの先生です。

赤松《あかまつ》さんが、ピースレッドのヘルメットをかぶり、ガッツポーズを取《と》ると、緊張《きんちょう》していた子どもたちから笑顔《えがお》がこぼれます。ピースマンが知事《ちじ》さんを動《うご》かしたエピソードでは、真剣《しんけん》にメモを取《と》りながら、耳をかたむけている子もいました。

赤松《あかまつ》さんは授業《じゅぎょう》の中で、美容師《びようし》の仕事《しごと》を通して感《かん》じた、うれしかったこと、失敗《しっぱい》したことや反省《はんせい》したことなどを、包《つつ》みかくさず話します。

ここにいる子どもたちの中にも、なやみをかかえている子がいるかもしれません。友だちとくらべて、できない自分に落《お》ちこんだり、がんばっても成果《せいか》が出ずにあきらめかけたり……。

そんな子どもたちに、赤松《あかまつ》さんはメッセージを伝《つた》えます。

「だれかとくらべる必要《ひつよう》はないねんで。過去《かこ》の自分とくらべて、今の自分のいいところを見つけてほしいねん」

赤松《あかまつ》さんが色々《いろいろ》な人と出会い、少しずつスマイルカットを実現《じつげん》させてきたように、去年《きょねん》できなかっ

竹田《たけだ》小学校での講演会《こうえんかい》の様子《ようす》。つくえの上にはピースマンのヘルメットが置《お》いてある

たことでも、この一年でできるようになったことがたくさんあるはずです。

「みんな、自分だけの歩幅《ほはば》で成長《せいちょう》しているんだよ」

わたしは目をかがやかせている子どもたちを見て、ピースマンの絵本の中に書いてある赤松《あかまつ》さんの言葉《ことば》を思い出していました。

いろんな花が　あるから　野原が　きれいなように
いろんな雲が　あるから　空を　見上げたくなるように
いろんな子が　いるから　この世界《せかい》は　キラキラ　まぶしいんだね

きっと赤松《あかまつ》さんのお話は、子どもたちの心の中で希望《きぼう》の種《たね》となって、やがて芽《め》を出し育《そだ》っていくことでしょう。

今回の取材《しゅざい》を通して、赤松《あかまつ》さんはいうまでもなく、ピース・オブ・ヘアーのスタッフさん、子どもたちや保護者《ほごしゃ》の皆様方《みなさま》との出会いに多くのことを学び、また大変《たいへん》元気づけられました。心より感謝申《かんしゃもう》しあげます。

また、この本の出版《しゅっぱん》にあたり、温《あたた》かいイラストを描《か》いてくださった多田文《ただふみ》ヒコさん、佼成出版社《こうせいしゅっぱんしゃ》の所美沙希《ところみさき》さんには、最後《さいご》まで大変《たいへん》ご尽力《じんりょく》いただきました。

最後《さいご》になりましたが、この本を手に取《と》り読んでくださったみなさん、本当にありがとうございました。

別司《べっし》芳子《よしこ》

〈参考文献・資料〉

「障害を持つ子のためのヘアカット『スマイルカット』」
（日本児童学会、児童研究第 98 巻、101-108 ／赤松隆滋・著）

『ピースマンのチョキチョキなんてこわくない！』
（あかまつりゅうじ・作、ただふみひこ・絵／電気書院）

『ピースマンのまほうのハサミ』（あかまつりゅうじ・作、ただふみひこ・絵／電気書院）

『発達障害の子どもたちは世界をどう見ているのか』（岩波明・著／ SB クリエイティブ）

『ママと呼べない君と』（えぬくんママ・著／ KADOKAWA）

『発達が気になる子の育て方』（平熱・著／かんき出版）

「発達障害児の理美容におけるニューロロジカルレベルの有効性　―訪問美容 Peace of Hair（ピースオブヘアー）の実践事例からの一考察―」
（京都光華女子大学京都光華女子大学短期大学部研究紀要第 53 号、99-108
／南多恵子、赤松隆滋・著）

『発達障害の子の勉強・学校・心のケア』（横道誠・著／大和書房）

えぬくんちゃんねる：https://www.youtube.com/@enukun.channel

〈写真提供〉

赤松隆滋
北村由起子

特定非営利活動法人　そらいろプロジェクト京都

〒612-8432 京都市伏見区深草柴田屋敷町 23-22　ピースオブヘアー内
Mail：info@sora-pro.jp
ホームページ：https://www.sora-pro.jp/

別司 芳子（べっし よしこ）

福井県に生まれる。「でこぼこ凸凹あいうえお」（のち『凸凹あいうえおの手紙』と改題し、くもん出版より出版）で小川未明文学賞優秀賞受賞。ノンフィクション作品に『元気のゆずりあい　地下室にいた供血犬シロ』（フレーベル館）、『髪がつなぐ物語』（文研出版）、『宇宙食になったサバ缶』（小坂康之・共著／小学館）、創作に、『恐竜博物館のひみつ』『しりとり電車のハヤイチくん』『てのひら咲いた』（以上、文研出版）など作品多数。日本児童文学者協会・日本児童文芸家協会・日本子どもの本研究会会員。

スマイルカットでみんな笑顔に！

発達障がいの子どもによりそう美容師さん

2025年2月28日 第1刷発行

著　者	別司芳子
発行者	中沢純一
発行所	株式会社 佼成出版社 〒166-8535 東京都杉並区和田 2-7-1 電話（販売）03-5385-2323（編集）03-5385-2324
印刷所	株式会社 精興社
製本所	株式会社 若林製本工場
カバーデザイン	西垂水敦・内田裕乃（krran）
口絵・目次デザイン	西垂水敦・岸恵里香（krran）
イラスト	多田文ヒコ

https://kosei-shuppan.co.jp/

Kosei shuppan

ISBN978-4-333-02935-8 C8336 NDC916/144P/22cm